やさしく、深く、面白く、伝わる校長講話

問題に向き合う素直な心を育てるメッセージ

柳瀬 泰
［著］

東洋館出版社

まえがき

♧やさしく、深く、面白く

むずかしいことを　やさしく
やさしいことを　深く
深いことを　面白く

作家の井上ひさし氏の有名な言葉であり、私が校長として子供たちへ話をするときの指標として、常に心に留めている言葉です。

「やさしく、深く、面白く」わずか一一文字ほどの言葉ですが、このように伝わる話をすることは容易ではありません。講話の種子のような小さな出来事や気付きや言葉をメモに残し、再々読み返し、この話題は「やさしく話せるだろうか」「深く伝わるだろうか」「面白いと感じてもらえるだろうか」という観点から講話を考えます。

その際に留意していることがいくつかあります。

「やさしく話す」ということは、相手が小さな子供だからといって安易な話題や稚拙な内容を扱うということでは決してありません。彼らのもっている知識とそれを超える豊かな想像力を踏まえ、その話題が子供たちの身近な問題の気付きや観察の起点になるように話しかけることを大事にしています。

「深く伝える」ということは、理屈や理論や構造を説明するということではありません。取り上げた話題がこれまでの子供たちの体験・経験の過程で生じた関心や疑問を掘り起こし、新たな目標やより深い問いがもてるよう話しています。

「面白く話す」ということは、趣向が凝らされ、それを聞く子供の心が動き、目の前が広々と開ける、そんなイメージをもっています。

実は「面白い」という言葉は、学校教育の世界ではあまり歓迎されていない言葉です。例えば、授業研究の指導講評で、「授業は面白ければ良いというわけではない」と言うきびしい声が挙がります。子供たちに「面白い！」と思ってもらえるよう自分なりに工夫を凝らした授業をこう指摘されて意気消沈した先生も多くいるのではないでしょうか。しかし、「面白い」と言う意味を辞書（『広辞苑』第五版）で引くと、〈①気持ちがはれるようだ。愉快である。楽しい。②心をひかれるさまである。興趣がある。趣向が凝らされている〉等とあります。一説には、「目の前が明るくなる感じを表す」が原義ともあります。

辞書に照らして「面白い授業」の意味を定義するならば、「気持ちが晴れるような授業」「心がひかれるような授業」「目の前が広々と開けるような授業」と換言できますから、「面白い」と言うことは最高の誉め言葉と言うことができます。校長講話も面白く伝えたいものです。

♧子供たちに向き合うかけがえのない瞬間《じかん》

東日本大震災から一か月も経たない平成二三年四月、一〇年間の教育行政の職を勤め終え、校長として赴任したのは三鷹市立南浦小学校でした。始業式で朝礼台に立ち、五六〇名の子供たちと対面しました。新鮮な春光の中、私は子供たちに小泉吉宏氏の詩、「一秒の言葉」を読みました。桜の花びらがひらひらと舞い落ちる校庭で、姿勢を崩すことなく私の詩の朗読にじっと聞き入る子供たちの表情に深い感動を覚え朝礼台を降りました。五段ほどのステップを下り、地に足が着くと、安堵の気持ちと同時に、「これほどまでに真剣に話を聞いてくれる子供たちにこの先も伝わる話を続けることができるだろうか」という大きな緊張感を覚えました。

平成二六年四月には同市内の高山小学校に異動となりました。その始業式では東井義雄氏の詩、「心のスイッチ」を読みました。初めて見る私の姿、初めて聞く私の声に六〇〇人の子供たちは戸惑いながらも、その視線は少しも瞬くことなく私を見つめ、私の言葉を受け止めていました。子供ならではの受容的な優しさにあふれる空間でした。同時にその空間の中で、子供たちが私に向けて発信している正直な気持ちに気付きました。それは、目の前にいる「私」という大人が、自分たちの学校の師表にふさわしい存在であってほしい、敬愛できる本物の校長先生であってほしい、と願う素直な気持ちでした。

初めて視線を合わせたあの瞬間、初めて言葉を交わしたあの時間に感受した子供たちの期待や願いをどこまでも大切にしなければならないと思い続けています。

♧「問題に向き合う素直な心」の育成

言うまでもなく校長講話も教育課程の一部です。担任の先生が教室で行う授業時数から見れば、週一回、ほんの数分間というわずかな時間ですが、その話には学校の目指す教育目標に迫る一貫した理念がなければなりません。しかし、校長講話には指導計画はないので、講話が始まるまでは子供も担任も、その日の話がどんな主題で、どんな内容なのか知りません。例えば通常の授業なら「来週からはひき算の学習をします」と伝えておくだけで子供はそれを前提に話を聞くので理解もしやすくなりますが、校長講話にはそういった予告がないのが普通です。

私の講話も予告があるわけではなく、金曜日の職員打ち合わせの際に「来週は人権週間なので、月曜日は人権に関する話をするつもりです」といった程度の予告となっていますし、金曜日の段階で講話の内容が決まっていない時も正直あります。

しかし、毎回の内容が明確ではなくとも私の講話には一貫して大きなテーマが設定されています。それが「問題に向き合う素直な心の育成」というテーマです。担任はその大きなテーマのもと私が子供たちに語りかけていることを十分に分かっています。したがって、題材や内容はバラエティに富んでいても、話のねらいは常に同じであるという共通理解があります。では、なぜ、それをテーマとしているのかを少し説明します。

学校では、長い間「主体的に学ぶ態度の育成」が人間教育の根本的なねらいとされてきました。

一九五一年（昭和二六年）の学習指導要領（試案）を開いても「自主的に学ぶこと」が指導目標として示され、以来六五年余を経て二〇一七年に告示される学習指導要領でも、主体的な学習者を育てるための指導方法が支柱となっています。

「主体性を育む」「主体的に学ぶ子供を育てる」と言った時、私はいくつかの具体的な子供の姿を思い浮かべます。例えば、自ら問題を感受する子供であり、問題を観察する子供であり、問題を正しく理解しようとする子供です。あるいは、問題を見過ごさない子供であり、問題に働きかける子供であり、一連の問題解決の過程から学ぶ子供です。これを一言で括れば「問題に向き合う素直な心をもった子供」と言えます。

問題に向き合う素直な心をもった子供を育てるということは、各学校の教育目標を実現する基盤として極めて重要なことだと思います。なぜならば、「めあて」も「目標」も、子供一人一人の問題の気付きや問題の理解が背景となるからです。そうした資質・能力や態度は、すべての学習指導とあらゆる生活指導の場面、すなわち教育課程全体を通して育てるということです。

私は「問題に向き合う素直な心」をこのように捉えて、毎週の全校朝会では、次の四つのテーマを柱に話をしています。このことから、本書は四章構成となっています。どの章から読んでいただいても結構です。

❶**見つめる**……問題をよく観察し、正しく理解すること
❷**考える**………問題に背を向けず、解決の計画や方法を考えること
❸**実行する**……問題に積極的に働き、ねばり強く実行すること
❹**深める**………取り組みを振り返り、有用感をもち活用すること

聞き手としての子供たちは大変優秀です。準備を怠って話に臨めば、静かに聞いてはいるものの、その反応はまるで対岸にいるかのように冷ややかです。反対に、子供たちの前向きな好奇心やたくましい想像力を喚起する話をすれば、瞳は輝き、全身で話を受け止めて、すぐにでも行動に移してくれます。

子供たちが、澄んだ心で話を聞き、問題に向き合い、考え、実行したいと思えるように、やさしく、深く、面白く伝えたい、教師になって三五年目となる私の切実かつ誠実な思いです。

本書が校長先生のみならず、学級担任をしている先生方にも学級指導の際の参考となれば、さらに幸いです。

最後にはなりますが、拙著の推薦文に過大なご評価をいただいた玉川大学学長・玉川学園学園長、小原芳明先生には心よりお礼申し上げます。また、本書の企画から編集、出版に至るまで懇切丁寧にご支援いただきました東洋館出版社の大場亨氏、そして、私の講話を一冊の本にまとめることを熱心に奨めてくれた高山小学校の仲間

に心より感謝申し上げます。

平成二九年二月四日立春

柳瀬　泰

もくじ　やさしく、深く、面白く、伝わる校長講話

第Ⅰ章

見つめる

第Ⅱ章 考える

第Ⅲ章

実行する

第Ⅳ章

深める

第Ⅰ章

見つめる

4月▼全校朝会

時代を超えた二つの花の歌

Message 01

校庭には色とりどりのチューリップの花が風に吹かれて気持ちよさそうにゆれています。

童謡「チューリップ」は八〇年ほど前の一九三一年につくられた歌です。

その頃の日本は第二次世界大戦が間近に迫った時代でした。

さいた　さいた　チューリップのはなが
ならんだ　ならんだ
あか　しろ　きいろ
どのはなみても　きれいだな

誰もが口ずさめるやさしい歌詞です。

作詞者の近藤宮子さんは、「どのはなみても　きれいだな」の歌詞に、「一人一人、それぞれにいいところがあるのですよ」というメッセージを込めました。

その歌がつくられてから七二年後の二〇〇三年、ＳＭＡＰが「世界に一つだけの花」を歌いました。

そうさ　僕らは
世界に一つだけの花
一人一人違う種を持つ
その花を咲かせることだけに
一生懸命になればいい

この曲の作曲者の槇原敬之さんも一人一人のよさに目を向けた歌詞を書きました。

戦前に書かれた童謡と、現代のＪポップは、メロディもリズムもまったく違う音楽です。

しかし、一輪の花を見て、その花から大事に思うことは、時代を超えても変わりません。

チューリップの花や野に咲く花を見たら、自分も仲間もかけがえのない大切な存在であることを思い出してください。

講話の種子

時代を超えて書かれた「花」をテーマにした二つの歌に同様のテーマを見つけたのは、「チューリップ」が世に出て八〇年経った節目の年でした。金子みすゞの詩「わたしと小鳥とすずと」と同類のテーマをもつ話ですが、校庭に咲いているチューリップを素材にしたことで、全校児童にやさしく、深く伝わりました。

5月▼全校朝会

「みんな　ちがうんだね」

一年生が教室の前で育てているアサガオが初夏の陽を浴びてすくすくと伸びています。

アサガオは、私にとって人生で初めてじっくり栽培し観察した植物でした。

半月型の黒い種を手の平の上で数え、それを蒔くと、数日後には土を持ち上げながらアーチ型の芽が出ました。

続いて、蝶が羽化するように双葉が開き、本葉が出て、巻きひげを支柱に絡ませながらぐんぐん成長していく様子が楽しみで、学校に行くのが待ち遠しくなりました。

梅雨が明け、螺旋形のつぼみが開き、鮮やかな花が咲いた朝の喜びは今もよく覚えています。

また、花が終わると、小さな実が膨らみ、その中にできた黒い種は春に見たものと同じ種でした。

小さな子供でも、生命が繰り返されていることを理解することができました。

たくさんの植物を見てきた中で、アサガオだけがこれだけ記憶に鮮明に残るのは、きっと「はじめて自分の手で最後まで育てた植物だから」、そして「みんなで一緒に観察した植物だから」ではないかと思います。

ある小学校の一年生の書いた詩を読みます。

Message 02

あさがおのめ
ねぇ　せんせい
みんなで　おなじひに　たねを　まいたから
おなじひに　めがでると　おもっていたよ
みんな　ちがうんだね

同じ日に種を蒔いても、芽が出る日も、花が咲く日も、みんな違います。アサガオを育てた経験のあるみなさんなら誰もが納得できることです。人も花と同じで、成長するスピードがちょっとずつ違います。どうか、それぞれのペースを大事に、じっくりと学び育ってください。

講話の種子

一〇年程前、ある広報誌に載っていた一年生の書いた詩です。子供らしい素直な目で見たことを素直な言葉で表した詩です。アサガオは、ほとんどの子供が育てた経験があることから、この詩を題材とした話は子供たちに実感を伴って伝わります。

5月 全校朝会

幸せについて

先週、南米ウルグアイの前大統領ホセ・ムヒカさんが来日しました。

世界中に感銘が拡がったムヒカさんの四年前の演説の中から、二つの言葉を紹介します。

「我々は発展するために生まれてきたのではありません。幸せになるために生まれてきたのです」

「貧乏な人とは、少ししかものを持っていない人ではなく、無限の欲があり、いくらあっても満足しない人のことなのです」

よくよく考えなければならないことです。

そして、ムヒカさんは「あなたは今、幸せですか?」と問いかけます。

みなさんは、今、幸せですか?

これは、とても深い問いです。

「幸せ」であると言えるとき、それは自分も相手も幸せでありたいものです。

しかし、それがむずかしいと感じることもあります。

例えば、自分の幸せと相手の幸せは、必ずしも同じでしょうか?

Message 03

東の国と西の国の人々の求める幸せは同じでしょうか？

老人と若者の感じる幸せは同じでしょうか？

「幸」という字は、面白い字です。（板書）

この漢字は、このように一八〇度ひっくり返して見ても（ボードを回転）、「幸」と読めます。

どちらの立場から見ても変わらない幸せこそが、「みんなが求める幸せ」です。

では、それはどんな幸せなのでしょうか。

今日は「幸」という字を全員がノートに書いてみましょう。一年生や二年生は担任の先生とゆっくり書いてみるとよいでしょう。

そして幸せについて話し合ってみましょう。

講話の種子

ホセ・ムヒカ氏のリオ会議でのスピーチは有名です。「発展は人類に幸福をもたらすものでなくてはなりません。愛情や人間関係、子どもを育てること、友達を持つこと、そして必要最低限のものを持つこと。これらをもたらすべきなのです」と言います。「足るを知る」に通じる言葉であり心に響きます。

6月▼全校朝会

よその学校で出会った子

Message 04

「おはよう」「こんにちは」「さようなら」。

あいさつは、相手がそこに存在することを認める、やさしさあふれる言葉です。

みなさんは実践できていますか。

先週、私はある小学校に出かけました。

その学校に着いたのは昼休みで、五〇〇人くらいの子供たちが元気に遊び、校庭は活気にあふれていました。

私は学校の西側の門から入り、校庭を横切り、たくさんの子供たちの間を通り抜けながら、玄関を探しました。

ふと、不思議だな、と思いました。

こんなにたくさんの子供がいるのに、誰からも「こんにちは」の声がかかりません。

次に、高山小の子供のことを考えました。

（高山小の子供は来校者に自分からあいさつができているだろうか？）

（もしかしたら、知らない人に自分から声をかけることには躊躇するだろうか？）

そんなことを考えていた時です。

一人の女の子が「こんにちは！」と声をかけてくれました。

私が笑顔で「こんにちは」と返すと、

「玄関をお探しですか？　玄関なら、この先の左側ですよ」

と教えてくれました。

あいさつをするだけではなく、私の状況を察して、「案内の一言」を添えてくれました。

その瞬間、私はその学校がとてもすばらしい学校であると思いました。

なぜなら、こんなすてきなあいさつができる子供が育っているからです。

みなさんも、来校者には進んであいさつをしましょう。

その時は、どうか相手のようすを察して言葉をかけられる子どもであってください。

「表、裏のない心」でお客様を迎えることを「おもてなし」といいます。

講話の種子

子供たちはよその学校の話を聞くとき、とても真剣になります。出張の話を、まるで海外旅行の話を聞くように興味をもって聞き入ります。彼らにとっては学校が違えば、世界が違います。自校にモデルをつくることは基本ですが、時には他校のモデルを示すことも効果的な方向付けとなります。

6月 全校朝会

ふぞろいだから素晴らしい

Message 05

この本は（本を見せる）宮大工の小川三夫さんの著書『不揃いの木を組む』（文春文庫）という本です。

今日は、この本を読んだ私の感想を話します。

宮大工という仕事は、主に神社や仏閣などの建築、修繕を手がける職人のことです。

小川さんは法輪寺三重塔や、薬師寺金堂など国宝に指定されている建築物の再建に、副棟梁として活躍しました。

その後、宮大工になりたい、という弟子を育てるために「鵤《いかるが》工舎」という学校を設立します。

弟子には中学校を卒業したばかりの人もいれば、結婚して子供がいる人もいます。

鵤工舎での修業期間の目安は一〇年間、小学校と中学校を合わせた九年間よりも長い時間の修業となります。

年齢が異なる大人が一緒に修業するので、小川さんは、

「同じ学級に一年生もいれば三年生もいる、中学生もいるような複式学級のようなものだな」

と学校に例えたお話もしています。

小川さんの言葉には、みなさんの仲間づくり、学級づくりのヒントがたくさん詰まっています。

小川さんのお話によると、法隆寺や薬師寺の塔を内部から見ると、「不揃いな材木」でつくられており、それらが支え合ってこそ、一〇〇〇年を超える塔が存在するそうです。

建築物は場所によって、かかる力の強さや方向が異なるため、それぞれの木材の強度に合わせて組み合わせるのだそうです。その技術を宮大工の世界では、「総持ち《そうもち》」（板書）と言うそうです。

小川さんは、異なる木材を組み合わせる「総持ち」の技術は、学校や社会で人が育つ環境に似ていると言います。

「集団で技を学ぶには不揃いな子がいたほうがいい。お互いを見ながら、自分の道を歩んでいけることができるからだ」

「総持ち、みんなで持つ。不揃いこそ、安定感があるし、強い」

と言います。

小川さんの言う「不揃い」とは、それぞれの「個性」のことだと私は考えます。

一人一人がもって生まれた個性は、まさに不揃いで、オンリー・ワンです。

これからの仲間づくり、学級づくりに「総持ち」の考えを生かしてみましょう。

講話の種子

いじめ、不登校など学校で起こる問題の多くは学級で起きています。学級で人間関係の不調和が起きている時には、全校朝会で「個性尊重」「人間尊重」に関わる話をします。担任は私の話を踏まえて学級指導がしやすくなります。学校・学級の様子に気を配りながらタイミングをみて講話をすれば、担任の援護につながります。

7月▼全校朝会

聴く力

五年三組の黒板に書いてあった問題です。

「聴く」（板書）という漢字ですが、この漢字一文字には四つの「聞き方」が隠れている、という問題です。

ちょっと考えてみましょう。

聴

一つ目は、「耳」で聞く、です。

二つ目は、「心」で聞く、です。

三つ目は、「目」で聞く、です。

四つ目は、「素直」に聞く、です。

三つ目までは、分かりやすいのですが、四つ目の「素直に聞く」は少し説明が必要です。

Message 06

「聴」という字に似た字で「徳」という字があります。（板書）

徳

この「徳」という字は、もともとは、「悳」だったといいます。行人偏は、「行く」、「歩く」の意味があります。つまり「徳」という字は、「真っ直ぐな心で行く」という意味を表す字です。

今、みなさんはとても素直な目で、とても素直な心で、私の話を聞いています。

耳が、心が、目が、真っ直ぐな聞き手となったとき、聞くことは楽しいと感じるものです。

相手の話をよく聞き、よく理解するということは、相手を尊重することであり、共感することでもあります。

「聴く」を大切にすることは、みなさんの関係づくりに大いにプラスをもたらすことでしょう。

講話の種子

「見ること博ければ迷わず。聞くこと聡ければ惑わず」という格言があります。スティーブン・R・コヴィーの『7つの習慣』（キングベアー出版）では「傾聴による共感」を勧めています。問題を理解する態度を育てるには、「聴く力」を育てることが必須であり、学校全体で繰り返し共通理解を深めることを意識した講話です。

9月▼全校朝会

人を笑顔にする算数

Message 07

心に残っているテレビ広告があります。（板書）

＋　−　×　÷

「＋」は、たすけあう
「−」は、ひきうける
「×」は、声をかける
そして、
「÷」は、わけあう
それは、人を笑顔にする算数、おもいやり算

ほら、やさしいでしょ

というテレビ広告でした。

「人を笑顔にする算数」という言葉と「ほら、やさしいでしょ」が私はとても気に入りました。

小学校の算数では、＋（たす）、－（ひく）、×（かける）、÷（わる）が交ざった計算式を小学校四年生で学習します。その時に「計算のきまり」も学びます。

例えば、「5＋2×3」という式は、「2×3」を先にするというきまりです。これはたし算よりかけ算を先にしましょうという約束です。これを「かけ算優先のきまり」と言います。

でも「おもいやり算」には、「助け合う」より「声をかけあう」を先にするというきまりはありません。どこからやっても答えにあやまりは出ません。

困っている友だちがいれば助け合い、損な場面は笑顔で引き受け、よく声をかけ合い、喜びも悲しみも分かち合う。

ぜひ、実践して、おもいやり算のあふれる学校にしましょう。

講話の種子

教員の結婚式に参列し、その祝辞で同様の話を新郎・新婦の家庭の関係に例えてスピーチしたところ、参列していた人が、反射的にナプキンにメモをとっていました。テレビ広告には、見過ごせない優れたコピーがあります。大人でも、子供でもやさしく、深く、面白い話は心に残したいと思うものです。

9月 全校朝会

金メダルより輝いた銀メダリスト

Message 08

リオ・オリンピックの男子体操種目でとてもさわやかな選手に出逢いました。

ウクライナという国のオレグ・ベルニャエフ選手です。

ベルニャエフ選手は、体操・個人総合で日本の内村航平選手と金メダルを競い合いました。

その勝負は、最終種目の鉄棒までもつれ込み、ベルニャエフ選手が〇・九〇一点のリードで始まりました。

先に内村選手が演技をしました。すばらしい演技で、その演技に一五・八〇〇の高得点が付きました。

次のベルニャエフ選手の演技も見事でした。

しかし、得点は一四・八〇〇点でした。その結果、内村選手が〇・〇九九点の僅差で金メダルを取りました。ベルニャエフ選手は惜しくも銀メダルとなりました。

この劇的な結果に審判の採点に疑問を感じた人もいたようです。

その後の記者会見で、ある記者から内村選手に質問が投げかけられました。

「あなたは審判から好意的に見られているのでは？」

という意地の悪い質問でした。

この質問に対して真っ先に反論の声を挙げたのは、内村選手の隣でインタビューに応じていたベルニャエフ選手でした。ベルニャエフ選手は、

「判定は正しい。今の質問は無駄だと思う」

と記者の質問を切って捨てました。

内村選手に僅差の得点で敗れたばかりの選手が、自分に勝った選手に対する敬意を忘れずに、相手の勝利を素直に称える姿に、会見場にいた人々が感動したといいます。

まさに、金メダルより輝く銀メダリストだと思います。

オリンピックは、国と国とのメダル獲得競争ではありません。あくまでも選手と選手が世界最高の技と心で競う大会です。内村選手もまた、

「次にベルニャエフ選手と大きな舞台で戦ったら、絶対に勝てないだろう」

と相手を称えています。

この二人の姿こそがオリンピックのすばらしさ、メダルより「人」が輝くことが大切だと深い感動を覚えました。

みなさんの心にもそれぞれ感動の場面があることでしょう。二〇二〇年東京オリンピックが楽しみです。

講話の種子

五輪憲章には、「オリンピックは国と国との争いではない」との趣旨の一文があり、選手同士が世界最高の技で競い合う場です。しかし、時として私たちは、どの国が何個のメダルを獲った、という誤った見方をしています。

オリ・パラ教育では、子供たちに競技の見方・考え方を教えることを大切にしたいものです。

9月 全校朝会

どちらがすごいのだろう?

Message 09

「パラリンピック」は、障害のあるアスリートのオリンピックです。

あるパラリンピック選手の言葉です。

「僕は自分を障害者だと思っていない。例えば、高齢者で体が動かなくなる。視力が落ちる。皆、それを障害でなく、老いるという自分の一部だと考える。それに似ている。皆、何らかの障害を抱えているといってもいい。大きな違いはないと思います」

この選手のメッセージから、本当の障害というものは「自分にはできない」と諦めてしまう心の壁、自分を枠にはめてしまう心のことだということに気付きます。

新聞に次のような五行歌を見付けました。(板書)

百メートル
九秒台
一歩

三十分
どちらが凄い

ジャマイカのウサイン・ボルト選手は、一〇〇メートルを九秒五八で走ります。現在、世界最速であり、人類が一〇〇年以上もかけて縮めてきた人類の挑戦の記録でもあります。

私の義父は高齢の上、ＡＬＳ（筋萎縮性側索硬化症）という病気のうたがいがあります。ＡＬＳという病気は、脳から筋肉に命令が伝わらなくなり、歩いたり、物を持ち上げたり、食べ物を飲み込んだり、呼吸が困難になったりする難病です。

そんな義父と家から一〇〇メートルほど先にあるお店に行きました。歩行器を使い、一歩一歩確かめるように約三〇分かけてお店へ辿り着きました。陸上トラックで速いことはすごいのですが、街中には速くなくともすごい人がいます。

八九歳で難病とたたかいながらも、「自分にはできない」という心の壁をつくらない義父は、私の中ではオリンピック・パラリンピック選手と同じくらいの英雄です。

講話の種子

リオ・パラリンピックが開催した週の講話です。二つの新聞記事と私の義父の話、三つの話題をつなげた講話です。黒板に書いた五行歌、「できない」という心の壁をつくらない義父の前向きさ、そして、前半のパラリンピアンの言葉が子供たちにしっかりと伝わった講話となりました。

100－1＝0

「100－1」はいくつになりますか？（「99」の声が挙がる）そうです、99です。

確かに99ですが、新聞でこういう式を見ました。（板書）

100－1＝0

帝国ホテル総料理長の田中健一郎さんは、「100－1＝0」である、と言います。

これは田中さんの仕事への誇りと気構えを表した式です。

料理人の田中さんは「料理とは手を抜かぬ心によってこしらえるもの」と言います。

料理の世界では、たった一つの妥協やごまかしで、味のすべてが台無しになる、つまり「0になる」と言います。

みなさんも学級や学校で自分の役割があると思います。

Message 10

任された役割を、手を抜かないで取り組む、最後までやり遂げる、そんな姿に期待しています。

さて、一週間後に迫った学芸会にも、この数式を当てはめて考えてみましょう。

先週、二年生の劇の練習を見ました。

舞台裏に回って見ると、薄暗い一隅で息を潜めて仲間の演技を見守る人、次の出番を緊張して待っている人がいました。

表には見えない舞台裏で、みんなが一つになって、劇を完成させようとしている気持ちが伝わってきました。

もし、舞台の裏にたった一人でも手を抜いている人、やり遂げる意志の弱い人がいたならば、この劇は完成しないでしょう。

「みんなでつくる」ということは、「100－1＝0」という料理の世界と似ています。

一人一人が自分の役割を真剣に果たすこと、それが何よりも大切だということを忘れないで練習に励んでください。

講話の種子

学級や学年の担任をもてば、子供たちが集団で目標に取り組むとき萎縮させないように、しかし、自分一人だけの満足感に浸らないように声をかけることも多々あります。そうした担任の思いをくみ取って、学芸会など大きな行事の直前のタイミングにこうした講話をします。

10月▼全校朝会

最小で最大の「いち」

詩人、谷川俊太郎さんが書かれた「いち」という詩を読みます。

いち

谷川俊太郎

いちってね　つまりぼくがね　いちなのさ
ぼくは　せかいで　ひとりきり
いちってね　つまりママがね　いちなのさ
ママは　せかいで　ひとりきり
いちってね　つまりきみもね　いちなのさ
ぼくと　きみとで　２になるよ

Message 11

いちってね　だけどちきゅうは　ひとつなの
ぼくと　きみとで　てをつなぐ

いちってね　だからはじめの　かずなのさ
ちいさいようで　おおきいな

算数では「1」は「一番小さな数」です。

しかし、谷川さんの詩では「ちいさいようで　おおきいな」と結んでいます。

みなさんは、この詩の「ぼく」のように、自分や友達の存在を「大きな1」として大切にできていますか。

最小の「1」を大切にできる人は、必ず最大、最善、最良の「1」を見つけられると思います。

自分の存在に自信をもち、相手の存在を尊び、それぞれの個性や能力を自在に発揮する、そんな生き方を目指しましょう。

講話の種子

「いち」にかかわる講話をたびたびします。したがって子供たちは「いち」についてよく考えます。例えば、三学期の始業式に、「お正月の正の字は『一』と『止』と書きます」と話し始めれば、それだけで真剣に聞き入ります。この「いち」という谷川俊太郎さんの詩は、保護者会でもあいさつの際に紹介し、子育ての話につなげました。

10月▼学年集会（五年生）

「見つめる」という習慣

イギリス初の女性首相マーガレット・サッチャーの言葉です。（板書は済ませておく）

Watch your thoughts, for they become words.
Watch your words, for they become actions.
Watch your actions, for they become habits.
Watch your habits, for they become character.
Watch your character, for it becomes your destiny.

「考えは言葉となり、言葉は行動となり、行動は習慣となり、習慣は人格となり、人格は運命となる」と日本語で訳されていますが、英語の原文を見ると少し違って感じます。

例えば、「Watch your words, for they become actions.」を直訳すると、「あなたの言葉を見つめなさい。それがあなたの行動となるからです」

Message 12

となります。自分の発言や行動を、あたかももう一人の自分が見ているような様子です。

もう一度、原文を見てみましょう。

考えを見つめなさい（Watch your thoughts）
言葉を見つめなさい（Watch your words）
行動を見つめなさい（Watch your actions）
習慣を見つめなさい（Watch your habits）
人格を見つめなさい（Watch your character）

とあります。

「自分自身を見つめる」ということ、見つめるという行為を「習慣」とすることが大切です。

二学期もそろそろ半ばとなります。高学年としても十分な経験を積み上げてきたみなさんのこれからの成長に期待して、この話をしました。

講話の種子

マーガレット・サッチャーの言葉は、「ふり返り」やメタ認知の大切さを教えてくれます。松井秀喜さんの星稜高校時代の恩師の言葉に、「心が変われば行動が変わる／行動が変われば習慣が変わる／習慣が変われば人格が変わる／人格が変われば運命が変わる」とありますが、同様の示唆のある言葉です。

11月▼全校朝会

信じよう　本の力

Message **13**

一一月三日の「文化の日」をはさんだ前後二週間は「読書週間」です。

読書週間は、終戦の二年後の昭和二二年、まだ戦火の傷あとが残る中で始まりました。

東京の神田では昭和三五年から毎年この時期に合わせて古本市が開催されています。

私は古い本や古いレコード探しが好きなので、土曜日に神田へ足を運んできました。

神保町は表通りも裏通りも書店と青空書棚が延々と続き、驚くほど多くの人が「本」のイベントを愉しんでいました。

私も古い本を数冊、探し当て大切に持ち帰りました。

実は終戦後に始まった「読書週間」より前に、日本には読書キャンペーンがありました。

それは「関東大震災」の翌年に始まったそうです。

戦争に敗れた二年後、そして関東大震災が起きた一年後、人は生きることに精一杯で、本なんて読んでいる状態ではないように思えます。

しかし、そんな時だからこそ、人は希望や展望や生き方などを「本」の中に探し求めるのかもしれません。

最近のことで、とても印象に残る報道写真がありました。

東日本大震災の後、被災地に建てられた仮設図書館、そして、その本に目を輝かせる子供たちの姿の写真です。

そこに全国から寄付された数々の本が集まりました。

私にはその子供たちの笑顔が復興の象徴のように思えました。

知っていますか？　その年の読書週間の標語は、

「信じよう　本の力」

でした。

例えば、みなさんの中には、「伝記」や「歴史」の本が好きな人が多いと思います。それは、読書を通じて偉人・先人のたくましく生きる姿やその背景となる出来事を知り、自分の生き方を考えることができるからです。本には人を励まし、育てる力があるのです。

今年の標語は「いざ　読書」です。

図書室に行き、司書の先生、担任の先生といい本に出会ってほしいと思います。

講話の種子

読書を推進するためには、やはり教師の力が大切です。私たちの学校でも「適時に、適者へ、適書を」を合言葉に図書館司書との連携、図書委員会のビブリオ・バトルを通じて読書活動を進めています。戦争や震災後の復興に「本の力」があったことを子供たちに伝えることは、本の魅力を伝えることとなります。

12月 全校朝会

三つのエンジンが止まっても

ヘレン・ケラーという女性の名前を聞いたことがありますか。ヘレンは二歳の時に病に侵され、その病気のせいで目が見えなくなり、耳が聞こえなくなり、言葉も話せなくなるという大きな障害を負ってしまいます。しかし、その障害を乗り越え世界中を回り、福祉や教育の発展、さらには人権問題などを訴えたアメリカの女性です。

私が担任をしていた時に受け持った子供の日記を紹介します。

三つのエンジンが止まっても

つゆきみちこ

夏休みに旅行に行った時のことだった。

飛行機の中では、夏休みなので子供が多いということで特別にコックピットを見せてくれた。

案内してくれたCAさんが、「この飛行機みたいなジャンボ機ならエンジンが4つ、ついているのよ」と言った。

私は「エンジンがこわれて、飛行中に止まることはないんですか？」と聞いた。

Message 14

すると、前にいたパイロットさんの一人が、「エンジンは４つ、あるでしょう。そのうち１つや２つぐらいは平気。でも、３つはまずいけど……」と言った。

先週、ヘレン・ケラーとアニー・サリバンのことをテレビでやっていた。

ヘレンは３つの障害をもっていた。目が見えない、耳が聞こえない、そのため言葉がしゃべれない。

この３つがなかったら、伝えることも、伝わることもできない。飛行機だって「３つのエンジン」が止まったらちょっとやばい。人間も同じだと思う。

でも、ヘレンは文字を書き、しゃべれるようになった。常識を打ち破った。

この番組の出演者の一人が、「人には誰も不自由なところがある。それがたまたま、ヘレンは目や耳だった」と、言っていた。この言葉はとても心に残った。

視覚、聴覚、言葉の三つのエンジンを失っても、なぜヘレン・ケラーは、たくましく人生を飛び続けることができたのでしょうか。

講話の種子

担任時代に受け持っていた子供の平成二年九月の日記からです。実はこの日記の最後は「人間は機械と違う。部品がなくなってもどこかに自分を生かす道があるはずだ」。こう綴られていますが敢えてカットしました。そこを考えてほしいと思ったからです。

12月▼全校朝会

ひとつのことば

昨日、図書館で見つけたばかりの詩を紹介します。
おのえたかこさんの「ひとつのうた」という詩です。

ひとつのうた

おのえたかこ

ひぐらしは　ひとつのうたしかしらない
さあ　一日がはじまるよ　かなかなかな……
にわか雨がふるのかな　かなかなかな……
雨があがったみたいだよ　かなかなかな……
きょうはおしまい
おほしさまが見えるかな　かなかなかな……
うれしいときも／かなしいときも

Message 15

ひとつのことばで　つうじあえる
わたしたち／たくさんのことばを知っているのに
心をつうじあえることばを／みつけられないの　なぜ？

先週、校内でけんかがありました。お互い、通じ合う言葉を見つけようとせず思わず手が出てしまいました。井上ひさしさんの『子どもにつたえる日本国憲法』（講談社）という本には戦いを放棄することについてこう書いてあります。

どんなもめごとも／筋道をたどってよく考えて
ことばの力をつくせば／かならずしずまると信じる
考えぬかれたことばこそ／私たちのほんとうの力なのだ

私たちはたくさんの言葉をもっています。どうか、正しい言葉をつくせる人になるよう心掛けてください。

講話の種子

ある学年で喧嘩が起きました。思わず手が出て、互いに痛い思いをしました。同じような事例がその前の週に別の学年でも起きていました。このような時、校長の立場から生活指導に関する話はどのようにあればよいのでしょうか。私は指導の具体には踏み込みません。学年や学級で担任が使える幅のある話になるよう工夫します。

のぞみ

あけましておめでとうございます。

全員が元気で三学期の始業式を迎えることができて、これ以上うれしいことはありません。

元日、私は家族と初詣に行き、御神籤をひきました。今年はどんな年になるのだろうか、と期待を込めて御神籤を開いたところ「末吉」でした。

御神籤の縁起の順番は、上から、大吉、中吉、小吉、末吉、となります。ですから、私の引いた今年の運勢は、「一番小さな吉」ということになります。

ちょっぴり残念で不安な気持ちがよぎりました。

しかし、その気持ちを吹き飛ばしたのが、末吉の二文字の横に大きく書かれた「望」（板書）という一文字です。

Message 16

望

「望」という字からは、「希望」「大望」「展望」、夢あふれる言葉が次々と浮かんできます。

私たちの日々の生活の中にはいくつも「小さな吉」があります。

それを見逃すか、それに気付き、価値付け、膨らませていくかは自分次第だと改めて思いました。

「のぞみ」という字には、もう一つ「希」という字があります。（板書）

希

二つ合わせて「希望」となります。

みなさんの一年間と高山小の一年間が、希望で一杯の年になるよう力を合わせて進んで行きましょう。

講話の種子

三学期の始業式での話です。三学期の始業式は新年のスタートにも当たります。子供たちにも分かりやすく、教職員にとっても前向きな気持ちがわくようテンポよく話すことを心掛けています。「一」や「望」や「正」などの漢字は話題として取り上げやすく、また、一年を通じて時折振り返りとしても使えます。

2月▼全校朝会

今さら、今から、今なら

（黙って板書）

今◯ら　今◯ら　今◯ら

はじめの「◯」には、「さ」というひらがな一文字が入ります。（「さ」と板書）

では、次の「◯」には、どんな字が入るでしょうか？（三秒、間を取り「か」と板書）

一つ目は、「今㋚ら」です。三学期はあと五〇日です。「五〇日しかない」と考えると「もう、今さら」という投げやりで、あきらめかけた後ろ向きの気持ちになります。

二つ目は、「今㋕ら」となります。「三学期、まだ五〇日あるぞ」と捉えれば、「さあ、今から」という希望、期待、来年度につながる新たな目標も見えてくることでしょう。

では三つ目はどうでしょうか？

Message 17

ここには「な」が入ります。（板書）

「今な（ら）」となります。決意、勇気、行動、一歩踏み出す意思のある言葉となります。

「今さら」と諦めるか、「今から」と決断するか、「今なら」と行動するか、今日のみなさんの心には、どの「今」があるでしょうか。

「今」に「心」と書いて「念」（板書）という字になります。「一念」と書けば、一途に思う望み、いつまでも心にとどめる思い、という意味になります。どうせ心に思うなら、プラスの言葉を思い浮かべましょう。

進級・卒業も間近です。一人一人が「今から」「今なら」の気持ちを抱くには一番よい時期だと思います。

講話の種子

今さら、今から、今なら。教員研修などで長年ご指導頂いている三好良子先生の言葉です。「よみうり寸評」（読売新聞）から引きました。大人向きの話であっても、名言の本質は子供にも伝わるものです。そこに「むずかしいことを、やさしく」伝える教師の工夫、講話づくりの楽しさがあります。

COLUMN

現場の教師が講話の魅力を語る

話の続きを子供自身がつくる講話

「おはようございます」柳瀬校長先生の笑顔と穏やかな声が体育館に広がり、月曜日の朝が始まります。

その瞬間、それまで意識の焦点が定まらなかった月曜日の朝の子供たちが目覚めていきます。子供は敬愛する人と向き合うと、こんなにも表情が変わるものなのだと毎週のように思います。そして、校長先生の話が終わる頃、子供たちは一つの目標をもったり、思いをめぐらせたりします。そして、それを見守る教員の心も前を向きます。高山小学校の一週間はいつもここからスタートします。

校長先生の言葉は、一年生にも六年生にも、全ての子供に伝わるよう言葉が選ばれています。無駄な言葉が一つもありません。時間をかけてつくった言葉だということは明確ですが、原稿を読むわけではなく、自然に語りかけます。常に三分間から五分間の時間で終えます。子供たちもそれを心得て聞いています。長い話はまずありません。聞き手は短いからこそ一言一言に集中します。そしてその言葉は子供たちの心にしっかりと残ります。その話が子供一人一人のめあてになったり、クラスのめあてになったりします。気が付くと、合言葉のように子供たち自身から発せられます。

ある日の全校朝会で、校長先生は、こんな話をされました。

「百聞は一見にしかず」

壇上のホワイトボードに、ゆっくりと書かれます。その日は私の学年は社会科見学に行く日でした。そのことを意識してお話を用意して頂いたと思いました。

しかし、ここで話は終わりません。校長先生は続けて話をされました。

「この続きを知っていますか?」

(「百聞は一見にしかず」の続き?)高学年の多くは

この格言を知っているものの、その続きは知りません。大いに気になります。実は教員も同じです。

次の行に書かれた言葉は、「百見は」……、少し間が空き、続けて「一考にしかず」と書かれます。

「百見は一考にしかず」

どんなに見ても、見たこと、見たものを自分の頭で考え、捉えることが肝心であるということでしょう。

そして、三行目に校長先生が、続きを書こうとすると、子供たちは次の書き出しの言葉がまた「百」であることに気付き、

「百考は……」

とつぶやき始めます。こうした子供の一歩先を行く気付きを引き出す展開も校長先生の講話によく見られる光景です。まさに「授業」そのものです。

「百考は一行にしかず」

そして、三行目が書かれた頃には、子供たちは、その意味をそれぞれの頭で考え出しています。低学年の子供たちも考えられるように、校長先生は、読み方や意味の補足をしますが、多くは説明しません。むしろ、子供たちに考えるきっかけを与える呼び水となる言葉を投げかけることに徹しているように思えます。

校長先生の話は、「自ら考え、問題に向き合う子供たちを育てたい」という思いに溢れています。だからこそ、その話は、子供たち一人一人の心に届き、残るのだと思います。校長先生の話にはいつも続きがあります。それは、話を聞いたそれぞれが続きをつくるという意味です。

子供は、自分で答えを探したり、見つけたり、想像したり、自分の生活に置き換えて考えたりします。そのようにして、話の続きを子供自身がつくるのです。それ校長先生は、むしろ、それをねらって話をされているように感じます。

柳瀬校長先生の話を聞くことができる私は週の始めが少し楽しみです。先生たちも皆、子供と同じように校長先生の話を楽しみにしています。

三鷹市立高山小学校　横山　健悟

第Ⅱ章

考える

心のスイッチ

新しい一年の最初の一日がはじまります。
昨年の今日、東井義雄さんの「心のスイッチ」（『東井義雄著作集6』明治図書出版、所収）という詩を読みましたが、
今年も読んでみます。
あれから一年、成長したみなさんには、また違って聞こえるでしょう。

心のスイッチ

東井義雄

人間の目は、ふしぎな目、／見ようという心がなかったら、／見ていても見えない。
人間の耳はふしぎな耳、／聞こうという心がなかったら、／聞いていても聞こえない。
ほんとうにそうだ、と、／腹の底まで聞く人もある。
おなじように学校に来ていても、／ちっともえらくならない人がある。
毎日、ぐんぐんえらくなっていく人もある。

Message 18

今までみんなから、／つまらない子だと思われていた子でも、
心にスイッチがはいると、急にすばらしい子になる。
心のスイッチが、人間をつまらなくもし、／すばらしくもしていくんだ。
電灯のスイッチが、／家の中を明るくもし、暗くもするように。

今日は、みなさんの心のスイッチが入る日です。心のスイッチが入ったら、次は、自分の足で歩きだすことが肝心です。一歩ずつ自分のペースで着実に歩み続けましょう。

私はみなさんが大人になった時、子供に戻ってもう一度やり直したい、そんな後悔をしないように今を生きてほしいと願います。

子供時代を精一杯生きてこそ、活力に満ちた青年になり、活力ある青年が、夢を追い続ける大人になっていくのだと思います。新たなめあてをもち、実りの多い一年にしましょう。

講話の種子

教育者、東井義雄さんの「心のスイッチ」は子供にとって分かりやすく、心に残る詩です。始業式は、子どものみならず、先生の心に火を点ける大事な時間です。学校全体が新鮮な気分でスタートできることが大切です。この詩を初めて聞いた担任の多くは、その場でメモを取りその後の学級指導に活用しています。

七三〇人、それぞれの一歩

私が手に持っている本は漢字辞典です。この漢字辞典で約三〇〇〇字の漢字が調べられます。

では、三〇〇〇字ある漢字で最初に出てくる字は何という漢字でしょうか。

答えは「一」です。一年生で習う漢字です。(板書)

一

漢字は簡単ですが、「一」にはたくさんの意味があります。

まず、「量」を表す「一」です。みかんが一個、鉛筆が一本、みなさんが数を数えるときのはじめの数です。

次に「順序」を表す「一」です。かけっこで一番とか、この夏で一番暑い日などと言います。

そして、「まとまり」を表す「一」があります。一組とか一班とかグループや集団を表す場合や、「みんなの気持ちを一つにして」と言ったりする場合に使います。

「一」という漢字はとても簡単ですが、その意味や役割をきちんと捉えることは難しいものです。

さて、この「一」の次にもう一つの漢字を合わせて、一学期にぴったりの熟語をつくりたいと思います。

みなさんはどんな漢字が思い浮かびますか。

私は「歩」という漢字を選んでみました。（板書）この漢字は二年生で習います。

歩

この「歩」と、「一」を合わせて、「一歩」という熟語になります。

「最初の一歩を踏み出す」という目標もあれば、「一日一歩前に進む」という目標もあります。

一人が一歩進めば、学校全体で七三〇歩の大きな前進となります。それぞれの一歩を大事に前進しましょう。

講話の種子

一番やさしい漢字「一」を話題に、「一」の意味を伝えながら、一学期の目標を話します。「一」の付く二字熟語は多く、言葉を探しながら、その意味を考える面白さもあります。「数」を学ぶ本家の算数でも、「一の意味」をこのような角度から考えることはあまりないと思います。

4月▼全校朝会

1%のひらめきをカタチに

今週四月一八日は「発明の日」です。（ポスターを提示）

発明と言えば、生涯におよそ一三〇〇もの発明を行ったトーマス・エジソンを思い出します。今から八〇年以上前の発明には電話機、白熱電球、蓄音機、トースターなど、今も私たちの生活の中で使われているものがたくさんあります。

「天才とは、1%のひらめきと、99%の努力である」。トーマス・エジソンの言葉です。

Message 20

私も子供の頃から、この言葉をよく聞かされました。

「努力は大事」ということ、それはまちがいのないことです。しかし、「1％のひらめき」がなければ、発明は成されなかったと考えることもできます。

では、「ひらめき」とは、努力すればやってくるものなのでしょうか？

絵本作家のヨシタケシンスケさんが、「ひらめき」についてインタビューでこのようにお話されていました。

「メモしておかないと忘れてしまうくらい他愛のない事柄に大切なものがある」

ヨシタケさんは、ひらめきの種はとりとめのない日常の生活の中にある、と言います。そのひらめきを逃さないようにするために、常にメモに残す、という地道な習慣を大事にされています。

「1％のひらめき」は誰にでもやってきます。それを形にするエネルギーやパッションを「努力」と言うのだと思います。

・「発明の日」ポスター（特許庁：https://www.jpo.go.jp/torikumi/hiroba/hatsumei.htm）

講話の種子

ある教育者が「数学とは直観でとらえ、論理で導くもの」と言っています。学校では「努力」「協力」の意味や価値は教えていても、「ひらめき」や「直観」の価値についてはあまり話題にしていません。ヨシタケさんの言葉は、アイデアに満ちた絵本と共に説得力のある話になります。

5月▼運動会開会式

今日は高みをめざそう

平成二八年度、第五七回運動会がはじまります。

まず始めに、朝早くから応援に駆け付けてくださった皆様に、元気な声を届けましょう。

私に続いてください。おはようございます。（子供たちが声高らかに「おはようございます」と続く）

今年の運動会は五月の開催となりました。それは七月から、この校庭に新しい校舎の建設工事がはじまるからです。

どうか、この校庭での最後の運動会を、この景色とともに心に残るものとしてください。

三鷹の森学園の学園歌の作詞は、「ぽっぺん先生」で有名な児童文学作家、舟崎克彦先生によるものです。

その一節にこういう歌詞があります。

牟礼の丘、たなびく雲の高みをめざせ

「高みをめざせ」とは、向上心をもってチャレンジしなさい、という意味です。

Message 21

昨日までの練習でみなさんはまさに向上心をもちチャレンジしてきました。
そして、今日は、そのチャレンジの最終日。
今日は、今まで以上の高みをめざす日、高みを超える日にしてほしいと思います。
空を見上げてみましょう。
大きな空が広がっています。
あの雲がたなびく無限大の大空がみなさんの競争相手、みなさんがめざす高みです。
昨日を超える自分がいるはずです。
昨日を超える瞬間があるはずです。
全力を出し切り、その瞬間を実感する運動会にしましょう。
しっかりがんばりましょう。

講話の種子

運動会のあいさつは特に簡潔に、テンポ良く話すことを大切にしています。子供たちは真っ白な体操服が象徴するように、真っ直ぐな良い目で話に聞き入ります。近隣地域へのアナウンスや来賓へのお礼の言葉は、開会式が始まる事前に副校長より行い、開会式では子供たちにのみ、真っ直ぐ語りかけるようにしています。

あ・ゆ・み

一学期が今日で終わります。

この後、みなさんには担任の先生から通知表「あゆみ」が手渡されます。

毎学期ごとに、一年間に三回、六年間で一八回も渡される「あゆみ」にはどんな意味があるのでしょうか。

私はこう思います。

あゆみの「あ」は、新しい目標を見つけるため
あゆみの「ゆ」は、夢を叶える力を身に付けるため
あゆみの「み」は、魅力ある自分に出会うため

みなさんは、この一学期に新しい目標を見つけ取り組みましたか。

夢を叶える力を身に付ける努力をしましたか。

魅力ある自分に気付くことができましたか。

Message 22

「あゆみ」という言葉には、一人で「歩く」という意味と、みんなで心を合わせて歩く「歩調」という意味があります。

どちらの歩みも大切です。

明日から四〇日間の夏休みです。学校で過ごす日数は年間二〇〇日ですから、その五分の一に当たります。ずいぶんとたくさんの時間があるので、目標をもち、やり続けることができれば、成果がでることは間違いありません。

今日、この後、担任の先生から手渡される「あゆみ」が、みなさんの成長や成果につながることを期待しています。

それでは、二学期、元気で会いましょう。七三〇人一人一人がちょっぴり成長するだけで、学校は驚くほど大きく変わるものです。

夏休み中に転校してしまう友だちもいます。新しい学校でも元気に自分らしくがんばってください。

講話の種子

長期休業日に入る直前の終業式は総括で終わることなく、次の目標設定につながる話を心がけています。通知表「あゆみ」の語呂に合わせた目標を考え、年間三回の終業式（修了式）で繰り返し話しました。今ではすっかり子供たちに定着しました。通知表「あゆみ」のイメージも変わり、積極的に読み解く子供が増えました。

10月▼学年集会（五年生）

答えは風に吹かれている

今年のノーベル文学賞に選ばれたボブ・ディランさんは、一九六〇年代前半にデビューしたアメリカの歌手です。自分で作詞・作曲をし、自分でギターを弾き、自分で歌うというスタイルでもう五〇年以上活動しています。五年生のみなさんがディランさんの代表曲、「風に吹かれて」を教室で歌っていたのが聞こえてきたので、今日はＣＤを持ってきました。一緒に聴いてみましょう。（ＣＤを流す）

さて、みなさんはディランさんの歌声を聴いてどんな印象をもちましたか。

私が初めて聞いたのは四五年ほど前、確か一二歳くらいの頃だったと思います。なんだかかすれた声、しわがれた声だなあ、と思いました。

日本の文学作家、村上春樹さんはディランさんの歌声を自身の小説の中で、「まるで小さな子が窓に立って雨ふりをじっと見つめているような声」と表現していました。実に見事な表現です。

ちょっと、はじめの部分を歌ってもらえますか。（子供たちが歌う）

「How many roads must a man walk down　Before you call him a man?」

ディランさんはこの歌のはじめに「どれだけの道を歩けば、彼は人として認められるのだろうか」と人権問題

Message 23

を問いかけています。続けて歌詞は、平和の象徴である「白い鳩」が安らげる時代の到来を願い、戦争の象徴である「砲弾」を人類が永遠に葬り去る日が来ることを祈っています。そして、この歌にはそのことを解決する答えはありません。

「友よ、答えは風に吹かれている」と繰り返すだけです。

「歌う」の語源は一説によれば、「うったう」「うったえる」であると聞いたことがあります。（板書）

うったう

訴う

「うったえる」とは、人の心にはたらきかけるという意味です。人間の尊厳を守ること、戦争のない平和な世界をつくること、そのことを実現する「答え」を探し続けること……この歌が私たちに訴えるメッセージはいつの時代にも新鮮で深いものがあると感じます。

講話の種子

ノーベル文学賞にボブ・ディランが選ばれたことから、五年生が外国語活動で「風に吹かれて」を取り上げました。私も久しぶりにディランのアルバム「THE FREEWHEELIN' BOB DYLAN」を聴きました。『答えは風に吹かれている』という歌詞は、正解のない問題が山積する今の時代においても新しく深いメッセージです。

世界に一つだけの作品《アート》

今日は六年生から今年の展覧会のテーマが発表されました。「かがやけ！世界に一つだけの作品《アート》」。（板書）とてもいいテーマです。「ひとつだけ」という言葉が響きます。
詩人、川崎洋さんの「ひとつだけ」という詩を読みます。

ひとつだけ

川崎　洋

三毛ねこ　シャムねこ　ペルシャねこ
黒ねこ　白ねこ　宿なしねこ／どらねこ　やまねこ　ぶちねこ　子ねこ
ねこはいっぱいいるけれど／うちのねこは一匹しかいない

父さんの歯ぶらし／母さんの歯ぶらし
兄さんの歯ぶらし／姉さんの歯ぶらし

妹の歯ぶらし／弟の歯ぶらし
おじいさんの歯ぶらし／おばあさんの歯ぶらし
うちには歯ぶらしがいっぱいあるけれど
ぼくの歯ぶらしは一本しかない

地球には人がいっぱいいるけれど／ぼくは一人しかいない
地球には人がいっぱいいるけれど／みんな一人しかいない人ばかり
こんにちは　一人しかいない　きみ／おはよう　一人しかいない　みんな

「ひとつだけ」「ひとりだけ」。私は繰り返し、一人一人はかけがえのない存在で、誰にもそれぞれの個性にあった才能があるということをみなさんに話しています。

この詩は担任の先生に渡しておきます。もう一度教室で読んでいただきましょう。三年生以上は黒板に書いていただき、ノートに写してみましょう。聞いただけでは聞こえなかった詩の面白さがきっと分かることでしょう。

講話の種子

川崎洋さんの詩「ひとつだけ」は、身の回りの事象に目を向け、自分も相手も一人しかいないかけがえのない存在であることを伝えるのにとても良い詩です。全校朝会で私が紹介した詩は必ず担任に渡します。学級に戻り、担任と再度読んだり、自分の手で書き写したりすることを通して深く伝わる講話が実現すると思います。

10月 ▼ 全校朝会

対話あふれるアートギャラリー

先週は展覧会でした。「かがやけ！世界に一つだけの作品《アート》」をテーマに取り組んだ展覧会でした。

高山小学校七三〇人の子供たちが作った一五〇〇点の作品が体育館に並びました。

保護者・地域からは二〇〇〇人ものご来場を頂きました。

今回の展覧会で六年生は「対話型ギャラリー・トーク」という手法を学習し、「子供ガイド」として参観者と作品を介して対話をしながら作品の鑑賞のお手伝いをしました。

一年生から五年生全員も「子供ガイド」を体験しました。

六年生はみなさんが楽しく鑑賞できるようお手伝いをする役割でした。例えば、作品を見た感想をガイドと語り合うことで、「なるほど」と共感したり、「そうか」と違う見方を発見したり、作品を楽しむことができたと思います。

楽しそうに対話する参観者の姿を画像で見てみましょう。（スライド開始。スライドを見せながら話を続ける）

このように相手がリラックスして作品を鑑賞できるようにガイドをするには、相手の多様な感性を認め受けとめるコミュニケーション能力が求められます。

Message 25

六年生は、「子供ガイド」になるために、三鷹市美術ギャラリーの学芸員による出張授業や、三鷹市美術ギャラリーに出かけボランティアガイドから作品の鑑賞方法について学びました。また、担当決め、他学年への取材や事前に体育館に並んだ作品の取材をしました。たくさんの時間をかけて準備をしてくれました。

すばらしい活躍をしてくれた六年生、鑑賞の楽しさを教えてくれた六年生に大きな拍手で感謝の気持ちを伝えましょう。（拍手）

講話の種子

当初、「子供ガイド」は作品を説明する「解説型」を想定していましたが、学年担任の発想は私の想定を超え、「対話型」のギャラリー・トークが展開されました。聞く力、受け止める力、相手に応じた問い返しの力、まさにこれから求められる資質・能力を育てる学習であり、学年・担任の授業創造力が発揮された取り組みでした。

憲法と国会

Message 26

今日は小学校生活最後の社会科見学、国会議事堂に行きます。せっかくの機会なので少し「憲法」と「国会」について考えてから出発しましょう。

先週の「文化の日」は昭和二一年に憲法が公布されて七〇年の節目でした。第二次世界大戦の敗戦から約一年後の一一月三日に現在の日本国憲法が公布されました。

この本は、佐藤功さんの『憲法と君たち』（時事通信社）という本です。佐藤さんは現在の憲法の制定作業を直接支えた方です。この本が発刊されたのは六〇年も前になります。

筆者の佐藤さんは、子供たちに向けて分かりやすく、国民主権、基本的人権の尊重、平和主義という日本国憲法の三大原則を説明する中で、特に戦争の放棄については、「君たちが世界に向かってほこってよいこと」と力強く語りかけています。そして、この本の最後は、「憲法が君たちを守る。君たちが憲法を守る」と締めくくられています。

「憲法が君たちを守る。君たちが憲法を守る」とはどういうことでしょうか。

その答えのようなものが、井上ひさしさんの『子どもにつたえる日本国憲法』（講談社）という本に書かれています。井上さんはこの本で憲法を次のように説明しています。

「日本国憲法とは、『国のかたち』であるというのが一番ぴったりくるような気がします。「憲」も「法」も「きまり」という意味ですから、文字から見れば〈きまりのなかのきまり〉ということになります」

憲法とは、「国のかたち」であり、「きまりのなかのきまり」、実に分かりやすい説明だと思います。日本国憲法の三大原則のどれか一つでも変えたら、この国のかたちは変わってしまう、と考えることができます。この三原則を守るのは、みなさん一人一人であり、そしてその憲法がみなさんを、そして大切な家族やかけがえのない友人を守ることになります。

最後にこの本の一五ページを読みます。国会とは何かが書かれています。これを聞いたらバスに乗りましょう。

「今度の戦で／つらく悲しくみじめな目にあった私たちは／子どもや孫たちと／のびのびとおだやかに生きることが／ほかのなによりも／大切であると信じるようになった／そこで私たちは／代わりに国会へ送った人たちに／二度と戦をしないようにと／しっかりとことづけることにした／この国の生き方を決める力は／私たち国民だけにある」

以上です。では、出発しましょう。

講話の種子

六年生は社会科見学で毎年、国会議事堂に行きますが、二〇一六年一一月は日本国憲法公布から七〇年の節目の年でしたのでいつもより丁寧に出発前の話をしました。社会科では三学期の学習内容ですがその素地指導にもなり、主権者教育としても大切な学習となります。模擬議会なども体験し、意義深い一口となりました。

12月 全校朝会

言葉と人権

明日から「人権週間」です。
はじめに、詩人、金子みすゞさんの詩「こだまでしょうか」を読みます。

こだまでしょうか

金子みすゞ

「遊ぼう」っていうと
「遊ぼう」っていう。
「馬鹿」っていうと
「馬鹿」っていう。
「もう遊ばない」っていうと
「遊ばない」っていう。
そうして、あとで

Message 27

さみしくなって、
「ごめんね」っていうと
「ごめんね」っていう。
こだまでしょうか、
いいえ、誰でも。

言葉はこだま。言葉は言霊《ことだま》。

言葉はもう一人の自分です。

「人権」というたった二文字の意味を正しく理解し、常に意識して行動できる人になるためには、自分の「言葉」について考えることが大事です。

どんな言葉を知っているか、どんな言葉を使うかで、「考え方」も「かかわり方」も変わってきます。

言葉に関する感性を磨き、すてきな言葉があふれる学校にしていきましょう。

講話の種子

「人権週間」には、人権について考える講話をします。特に「言語」を通じて差別や偏見が生まれる場合があるので、学校全体で言語環境を整え、望ましい人間関係を醸成するよう校長自らが働きかけます。確かに伝えるということは難しいことである、という前提に立ち、担任とともに一体となって取り組みます。

12月▼全校朝会

牟《む》礼《れ》の名人に学ぶ

Message 28

高山小学校では、毎年一一月になると六年生の「卒業を祝う竹ぼうきづくり」が行われます。今年で三三年目を迎えました。

その間、ずっと指導を続けてくださっているのは、現在では東京にたった一人の現役の竹ぼうきづくり職人と言われる、浅見司朗さんです。

浅見さんの作られた竹ぼうきは、以前は国技館や皇居でも使われていたそうです。

昔は、この牟礼地域は竹林がたくさんあり、竹ぼうきの材料も手に入りやすかったそうですが、今では住宅が建ち、材料となる孟宗竹も手に入らなくなりました。名人はいるのに天然の竹がないのです。

そこで三年ほど前から、市内にある「国立天文台」から竹を分けていただいています。

この行事を続けるために、浅見さんと青少年対策委員会高山支部の皆様が天文台に働きかけてくださいました。

また、国立天文台の方々も、そういうことなら、と気持ちよくご理解くださいました。おかげで高山小の「竹ぼうきづくり」の伝統が継承されているというわけです。

牟礼で取れた竹ぼうきではなくなりましたが、「国立天文台産の竹」でつくる「伝統の竹ぼうき」とは実に魅力的です。

みなさんも知っているとおり、三鷹市内にある国立天文台本部は、未知の宇宙の解明や世界を舞台に活躍する次世代研究者の育成などを進める世界先進の研究機関です。

その天文台の「竹」を使って、伝統行事を行える私たちは本当に幸せだと感じます。

五年生は「伝統と未来」が感じられる竹ぼうきで、正門、北門、学校周辺、ピロティなどの清掃に取り組みます。

浅見さんの竹ぼうきで地面を掃いてみると、実に軽快で清々しい音がします。心が清掃されるような気持ちになります。「掃くことが楽しい」と感じます。

清掃の楽しさや心地よさを、竹ぼうきを通して高山小の子供たちが知ってくれたらうれしいです。

講話の種子

どこの学校にも、地域の支援や協力によって生み出されている特色ある教育活動があります。高山小学校の竹ぼうきづくりも、ワン・アンド・オンリーの教育活動です。名人浅見さんと青少年対策委員会高山支部、そして国立天文台の子供たちへの思いが、この行事を三〇年以上の伝統ある地域教育に積み上げてきました。

1月▼三学期（申年）始業式

見る、聞く、話す

あけましておめでとうございます。

今年は申年です。四月生まれから一二月生まれまでの六年生が年男、年女です。

今日は写真を見ながらお話をします。静かに座りましょう。

さて、これは日光東照宮の境内にある「三猿」（写真1）です。

見ざる、聞かざる、言わざる、という格言で有名な三匹の猿です。

世の中の余計なことは見ない、聞かない、話さない、という生き方の知恵を示していると言われています。

新聞に面白い三猿がありました。（写真2）京都国立博物館所蔵の緒締《おじめ》です。

このお猿さんは、目も耳も口も全部ふさいでしまっています。このお猿さんは、一体どうしてこんな姿になってしまったのでしょうか？

いずれにしても、みなさんにこんな姿は似合いません。

海外にも同じような諺があります。（板書）

写真1

写真2

Message 29

See no evil
Hear no evil
Speak no evil

「evil」とは「良からぬこと」という意味です。良からぬことは見ないこと、聞かないこと、話さないこと、という意味です。

この「evil」というアルファベットを反対から読むと、

「Live」（板書）

生きる、という単語になります。

よく見ること、よく聞くこと、そして、よく話すことは、よく「生きること」です。高山小の三猿は、「よく見る、よく聞く、よく話す」、よく生きるお猿さんになりましょう。（写真3）

写真3

講話の種子

平成二八年一月八日、三学期始業式、干支に合わせての講話です。三学期の始業式は、新年を迎えて初めて会う日なので一〇分間ほどの講話となります。その際は着座をさせます。登校初日なので訓話的にならないよう、楽しい時間になるよう工夫することを心がけています。新年の「授業開き」ができる幸運な立場です。

1月▼全校朝会

「久しぶり」を大切に

Message 30

私は先週、「久しぶり」という言葉をたくさん使いました。

すると、様々な「久しぶり」があることに気が付きました。

金曜日、私は久しぶりにスポーツジムに行き運動をしました。二か月ぶりでした。

土曜日、私は久しぶりに映画館で映画を見ました。一年ぶりでした。

日曜日、大相撲初場所で久しぶりに日本人力士の優勝となりました。一〇年ぶりでした。

同じ日、私が担任をしていた時の教え子が千葉県から訪ねて来ました。三〇年ぶりでした。「久しぶりだね」と言って会いましたが、当時一二歳の小学生だった教え子は、四二歳になり、仕事をもち、結婚をして、三年生の子供がいました。

そして、月曜日、今日の新聞には、奄美大島に「一一五年ぶりに雪が降った」とありました。

もちろんこの雪を見た人は存在していません。

「久しぶり」という言葉を辞書で引くと、

「前にそのことを経験してから、再び同じことになるまでに長い日数のあったこと」（デジタル大辞泉）

とあります。

この意味に照らしてみると、「久しぶり」という時間の範囲は様々に使って良いようです。

このようにたくさんの「久しぶり」の出来事に出会って気付いたことが一つあります。

それは「久しぶり」という言葉は、忘れかけている大切なものを思い出す言葉でもあったということです。

例えば、久しぶりに親友に電話をしてみようかな。

久しぶりに恩師に連絡してみようかな。

久しぶりに両親と食事をしようかな……。

そう思ったら、すぐに連絡をとり、会ってみるといいですね。

今週は、久しぶりに思い出した人との再会をしてみたいと思いました。

みなさんも忘れがちの「久しぶり」はありませんか。意外と大切なものかもしれません。ちょっと振り返ってみましょう。

講話の種子

「久しぶり」の出来事が重なった週に思ったことを講話にしました。たくさんの「久しぶり」を私の回りで起きた事実を通じて繰り返し話していくたびに、子供たちの反応がよくなります。子供たちは言葉の繰り返しのリズムが大好きです。このリズムを取り入れることは講話づくりの手法として有効だと思います。

1月▼全校朝会

思いは見えないけれど、思いやりは見える

心に残る広告があります。六年前の東日本大震災のあとに流れていたテレビ広告です。

「こころ」は／だれにも見えないけれど／「こころづかい」は見える
「思い」は見えないけれど／「思いやり」は／だれにでも見える
その気持ちをカタチに

これは詩人、宮澤章二さんの「行為の意味」という題の詩から引いた言葉です。
その詩の原文がここにあるので読んでみます。

あなたの「こころ」はどんな形ですか？／と、ひとに聞かれても答えようがない。
自分にも他人にも「こころ」は見えないけれど、／ほんとうに見えないのであろうか。
確かに「こころ」はだれにも見えない。／けれど「こころづかい」は見えるのだ。

Message 31

それは人に対する積極的な行為だから。
同じように胸の中の「思い」は見えない。／けれど「思いやり」はだれにでも見える。
それも人に対する積極的な行為なのだから。
あたたかい心があたたかい行為になり／やさしい思いがやさしい行為になるとき、
「心」も「思い」も初めて美しく生きる。／それは人が人として生きることだ。

みなさんの心の中には温かで純粋な思いやりの心がありますが、それはいつも見えている心ではありません。しかし、たった一言の言葉かけで心づかいが見えることがあります。言葉をかけることが苦手な人は、ほほ笑みかけるだけでも思いやりは伝わります。そっと手を貸す、黙ってそばにいてあげる……小さな行為ですが、あたたかな心づかいが伝わる姿です。

「こころ」は見えないけれど、「心づかい」は見える。「思い」は見えないけれど、「思いやり」は見える」短い言葉ですが、この言葉を忘れずに行動することができたならば、みなさんのまわりにいる人たちは誰もが温かい気持ちになれると思います。

講話の種子

詩人、宮澤章二さんの『行為の意味』（ごま書房新社）からの引用です。ＣＭ広告のコピーライターの言葉の切り抜きも見事で、またそれらの行為のイメージ動画もさりげなく、秀逸で心に残りました。改めて、原文に接し感銘を受けたので人権週間の講話としました。

2月▼学年集会（五年生）

漢字九マス魔方陣

Message 32

「漢字九マス魔方陣」というゲームを紹介します。（ＰＣによるプレゼンテーションを使用）

「魔方陣」とは、九つのマスの中に、1から9までの数字を一つずつ入れて、縦、横、斜めの合計が同じになるように数字を並べるゲームです。

今、上の表には1から9までの数字が九マスに順序良く並んでいますが、縦、横、斜め、どこを足しても合計はバラバラです。これを下のように並べ替えると、縦、横、斜めの三つの数の合計がどれも「15」になります。

1	2	3
4	5	6
7	8	9

6	1	8
7	5	3
2	9	4

次に、この九マスの数字と「同じ画数」の漢字を探して入れてみましょう。

1には、一画の漢字「一」。
2には、二画の漢字「人」。
3には、三画の漢字「山」。
4には、四画の漢字「水」。
5には、五画の漢字「生」。
6には、六画の漢字「虫」。
7には、七画の漢字「花」。
8には、八画の漢字「空」。
9には、九画の漢字「草」。

六画	一画	八画
七画	五画	三画
二画	九画	四画

虫	一	空
花	生	山
人	草	水

題：しぜん

縦、横、斜めの画数を足して一五画になります。

この漢字九マス魔方陣は実は二年生がつくったもので、一年生で習う漢字だけでできています。

二年生はこの九つの漢字を見て、「なんだか『しぜん』に関する字が集まっているように見えます」と言います。

そこで題を「しぜん」と付けました。

さて、この話を六年に話したところ、それなら、一年生で習う漢字よりもっとたくさんの漢字を使って、オリジナルの漢字九マス魔方陣をつくってみようという話になりました。

漢字辞典を片手に、約三〇〇〇字の漢字から新しい漢字九マス魔方陣づくりに挑戦です。

では、六年生の作品をいくつか見てみましょう。一画、二画……と順に見せていきます。

スクリーンを見てください。二つずつ、作品を同時に見せます。

米	一	林
花	田	山
人	畑	牛

題：ぼくの田舎

匠	一	油
技	仕	工
人	信	心

題：町工場

上のタイトルは「ぼくの田舎」です。作者の田舎の風景、田んぼ、お米、牛や畑。のどかな田園のようすです。

下の作品のタイトルは「町工場」です。一心に仕事に打ち込む匠《たくみ》の技が感じられます。

次の作品です。

老	乙	若
男	幼	女
人	食	心

題：人間

日	音	十
工	目	臣
東	一	回

題：線対称

上は、「人間」というタイトルです。老若男女、人間の一生を表した作品になっています。

下はどうでしょうか？　これは、ちょっと難しいです。

タイトルは「線対称」です。どの漢字も真ん中で折るとぴたりと重なる線対称の特徴があります。

計算、漢字、そして図形。算数と国語が結びついたすばらしい見方の作品です。

次は、最後の作品です。

汗	一	歩
辛	生	三
人	咲	日

題：三百六十五歩のマーチ

タイトルは「三百六十五歩のマーチ」です。「幸せは歩いてこない。だから歩いていくんだね」という歌を漢字九文字で表した作品です。上手ですね。

六年生が「漢字九マス魔方陣」をつくりました。どれも「なるほど！」と思います。みんなで学ぶ、みんなでつくる、みんなで考えるって本当に楽しいことです。

さて、次はここにいる五年生がつくってみましょう。みなさんの作品に大いに期待しています。

講話の種子

「六年生になるとこんなことができる」。今、注視されている「何ができるか」の資質・能力は、授業の中で現れる子供の姿から帰納的に捉えていくことが大事だと思います。少なくとも小学生のうちは、この事例のように、「考えることを楽しむことができる」、その基礎的な知識や思考力や豊かな感性が育てば、まずは十分だと思います。

「たい」が泳いでいる心

Message 33

「たい」が泳いでいる「心」が大切です。と、言ってもわかりにくいですね。

「たい」とは、見たい、知りたい、聞きたい、やってみたい、はっきりさせたい……という心の動きのことです。

そういう心を「主たい的」といいます。

心の「たい」には、大きなたいもいれば、めだかのような小さなたいもいます。

詩人、まど・みちおさんの詩に「たい」の詩があります。

かぞえたくなる

まど・みちお

かもつれっしゃが
ごっとんとんとん　ごっとんとんとんとん
おんなじものが／つづいていくと
なんでだろう　かぞえたくなる

かぞえて　だれかに／しらせたくなる

えだで　すずめが
ちゅんちゅんちゅんちゅん　ちゅんちゅんちゅんちゅん
おんなじものが／ならんでいると
なんでだろう　かぞえたくなる
かぞえて　みんなに／おしえたくなる

どうですか？　今、みなさんの心に「しらせたい」「おしえたい」の「たい」は泳いでいますか？
私もみなさんの「心のたい」が泳ぎはじめるような「話がしたい」、そう思います。

講話の種子

「たいのいる授業」とは算数教育の師、正木孝昌先生の言葉です。「したい」「知りたい」「考えたい」「はっきりさせたい」……の「たい」です。シンプルでディープで、誰もが考えられる言葉です。低学年にも伝わる講話にしたいと考え、まど・みちおさんの詩に乗せて伝えてみました。

3月▼学年集会（五年生）

一二歳になる君たちへ

Message 34

卒業式の練習を通して日に日に五年生が成長していく姿が見られうれしく思います。

来年度はここにいる全員が「一二歳」になります。

そこで「一二歳になる」ということを考えてみましょう。

ある学者は、一二歳の乗り越えるべき壁に「有用感」（板書）を挙げています。

「有用感」とはなんでしょうか？

似ている言葉に「優越感」（板書）という言葉があります。

自分が他者より秀でている、と思う意識のことです。

この逆が「劣等感」（板書）です。つまり、他者より劣っている、という意識です。

どちらも自分と他人を比較することから生まれる気持ちで、これが強いと心にストレスを感じるといいます。

しかし、「有用感」は、他人と比べた自分ではありません。

自分にもできる、自分は必要とされている、「自分を信じ励ます気持ち」のことです。

では、どのようにすれば、そんな自分になれるのでしょうか？

難しいことではありません。今日からでも試すことができることを二つ、挙げます。

一つ目は、相手の話によく耳を傾け、まずは相手の気持ちに共感を示すこと。

二つ目は、困っている仲間がいたら見過ごさずに、一緒に解決してあげること。

これだけです。

なんだか、自分だけが損をしているような、割に合わない役回りのような印象がありますが、それは違います。

一つ目は、よく聞き、相手の主張を尊重することで、自分の考えも受け入れてもらうチャンスが広がります。それは有用感を高める機会を増やすことにつながります。

二つ目は、困っている仲間の問題を一緒に解決してあげることです。できれば、とことん付き合ってあげましょう。「まさかの友こそ、真の友」と言います。真の友はよき理解者、理解者が増えることで有用感は高まります。

四月からは最高学年です。まずは「自分を信じ励ます気持ち」を育てていきましょう。

学校には「一二歳になる君たち」の成長に必要な栄養がたくさんあります。

その栄養をたっぷり吸収し、豊かに成長してほしいと思います。

講話の種子

学年の課題や発達段階に応じて、特定の学年を集めて話をすることがあります。私は全学級の副担任のつもりで子供に寄り添い、信頼関係を深め、必要な時には語りかけることを続けています。とりわけ、児童期から思春期にさしかかる高学年には目をかけ、声をかけ、手間をかけることが大事です。

COLUMN　現場の教師が講話の魅力を語る

心のスイッチを入れる言葉

校長先生は、相手の心のスイッチを入れる魔法の言葉をたくさんおもちです。

さりげなく、はっとする格言を繰り出し、相手の心に小さな明かりを灯していきます。その魔法の正体とは何か。もちろん、語彙と知識の豊富さは言うまでもありませんが、私は、校長先生の「伝え方」に大きな秘密があると感じています。それは、時を逃さず、キャッチーなフレーズで、印象的に伝えることです。

まず、校長先生は季節、行事、時事問題などに呼応した話題を選ばれています。そして、学校としての取組が始まる前に絶妙なタイミングでお話になります。

例えば、運動会練習が始まる前には、算数教育がご専門の校長先生らしく「努力はたし算　協力はかけ算」という言葉を学校全体に投げかけました。子供たち一人ひとりの努力の蓄積と、学年や学校全体としての高まりを願うメッセージが時を逃さず伝えられ、運動会へ向かう空気感を一気につくり出したのです。

巧みさは、子供たちに伝える言葉の選び方にもあります。

「光を当てれば影ができるからね」

これが、柳瀬校長先生が私にくださった最初の言葉です。東京都研修センター研究生として国語の研究に行き詰まり弱音を吐いていた私に、両手で地球の形を作りながら、「あなたが今、価値を見出して光を当てている部分を同じ角度から見てくれる人は、いいアイデアだねと賛同してくれる。でも、光が当たれば影ができるから、異議を述べる人はきっと別の側面から考えているのだろうね。だから自分の信じた道を貫けばいい」と穏やかにお話くださいました。物事は、多面的で多角的であることを、やさしい表現で具体的に教えてくださったのです。狭い部分しか見ていなかった私に、一歩踏み出す勇気をくれた一言でした。

ます。短く、リズムよく、響きの美しい言葉を用いています。分かりやすい言葉なので、私たち教員も日々の指導の中で引用しやすいですし、子供たち自身がふと口にすることも多々あります。「努力はたし算　協力はかけ算」は、音楽の合奏練習や清掃の時間にもよく耳にする言葉です。おそらく、校長先生は、学校生活の様々な場面に応用できるよう、汎用性が高く、かつ記憶に残る言葉を選ばれているのだと思います。

ご自身もその言葉を意図的に多用されます。運動会の練習に励む子供たちを見つけては、「努力がたし算されてきたね」と勇気付けていらっしゃる姿を多く見かけました。

キャッチーなフレーズを繰り返し使い語りかけることで、言葉と共に、頑張る楽しさや喜びを学校全体に浸透させているのです。

さらに、言葉を印象的に伝える手段が豊富です。全校朝会では、一年生から六年生までの児童が聴衆となります。子供たちの聞く力・考える力は様々ですから、校長先生は、言葉との出合わせ方にも工夫を凝らしています。

本や詩の一節をしっとりと読み上げ感性に訴えかけたり、時にはプロジェクターで写真を写し出して具体から迫ったりします。読書週間の時は、「先月はここにある三冊の本を読みました」とご自身の読んだ本を紹介し、その後「今月は四冊の本を読みます」と目標を掲げて明快にお話されました。

人権週間の時には、黒板に「人権」とお書きになりました。どこで仕入れたのか直径三㎝、長さ一〇㎝以上はあろう極太チョークの登場に子供たちも先生たちも「くすっ」と笑いが起きました。ゆっくりと大きく書いた文字に自らぐっと注目し、間をつくり、その後、「人権」の意味を深く考える詩を朗読しました。

やさしく、深く、面白い柳瀬校長先生の講話は、子供たちの心のスイッチを入れる魔法の言葉です。そして私たち教員の授業づくりの示範でもあるのです。

三鷹市立高山小学校　関口　佳美

第Ⅲ章

実行する

4月 ▼ 始業式

二〇〇字の出会いの言葉

Message 35

おはようございます。

季節が変わりました。
景色が変わりました。
学年が変わりました。
学級の仲間が変わりました。
担任の先生が変わりました。

四月はいろいろなものが変わります。

みなさんの心は変わりましたか。

まわりの変化とともに新しい自分を見つけましょう。
新しいめあてを掲げて、新しい自分を探しましょう。
新しい自分は、未来の自分の夢にもつながります。
みなさんの新しいめあてを私に聞かせてください。
一緒に、少しずつ成果につなげていきましょう。
お話、終わります。

講話の種子

昇任校長として町田市立小学校に着任した始業式の言葉です。「二〇〇字」「一分」の講話をはっきりと明朗に話し終えると、「早《はや》!」と子供が声を挙げました。その後、「月曜朝会」を「火曜朝会」に変更するなど、「全校朝会」の話が伝わるように四一五人の子供たちの聞く力、言葉の力を育てる取り組みを学校全体で進めました。

4月 全校朝会

想像する力

先週の一四日、熊本地震が起きました。今日で四日が経ちます。

私の友人が熊本市に多く在住していますが、この四日間、寝る間も惜しんで地域のために奔走しています。

想像してみましょう。

昨日まで住んでいた家が倒壊してしまった悲しみ。

昨日まで当たり前に飲んでいた水が飲めない不安。

震度五強の激しい揺れが何度も何度もやって来ることの恐怖。

それでも、現実に向き合い、今を乗り越えようとしている人々の勇気、そして強い意志。

今、私たちにできることは想像することです。

新聞にあるたった一枚の写真からでも、そこに生きる人々の思いは感じ取れるものです。

被災地では、みなさんと同じ歳の子供たちが被災という現実と向き合っています。

想像できる人にしか、他人の痛みを感じることはできません。

今すぐにでも被災地に行ってボランティアをしたいと思う人は大勢いますが、それをするにはまだ少し時間が

Message 36

必要です。なぜなら被災地では、今も余震が続き危険な状態が続いています。たくさんの人がそこを訪れるには危険が伴います。現地にボランティアの受け入れ体制が整ってから動くことが賢明でしょう。

今は、自分にできる日常のことをそれぞれがしっかりとこなしていきましょう。東京にいてもできることはあるはずです。考えてみましょう。

マザー・テレサの言葉です。

愛という言葉の反対の意味は、憎しみではなく、無関心であるということです。

私たちは、熊本地震に無関心でもなく、無関係でもありません。

教室で担任の先生と、学級の仲間と自分たちにできることを考えてみましょう。

講話の種子

平成二八年四月一四日に起きた熊本地震。私はその四か月前に全国算数授業研究会で六〇〇人近い研究同人と熊本市で過ごしたばかりで、自分事のように感じていました。毎週、全校朝会の直前に熊本市の宮木博規先生に電話をして、現地の様子を聞き、子供たちに伝えることで関心を継続しました。

4月▼全校朝会

感じたら動こう

Message 37

「感じたら動こう」

六年三組の教室に掲げられている学級目標です。

先週の全校朝会で、一四日に起きた熊本地震の話をすると、六年三組から被災地への義援募金の提案がありました。

まさに学級目標に恥じない姿勢、とてもうれしく思いました。

その提案は学級を通じて、代表委員会に上がり、週末の二二・二三日には募金活動が実施されました。

算数少人数担当の宮本先生の実家は熊本市内にあり、今回の地震で大きな被害を受けました。宮本先生からのみなさんへのメッセージを預かっています。聞いてください。

二三日(金)、二四日(土)、熊本地震義援金募金活動では皆さんにご協力いただきありがとうございました。

私は八年前に故郷の熊本を離れ、東京で暮らし始めました。今回、熊本地震により、私の実家も含め、故郷が大変な事態となってしまいました。自分自身心の整理が出来ず、両親や兄弟、地元に残った友人の安否を気にかけることで精いっぱいの日々を過ごしていました。

私自身出来ることが暗中模索の状態の一方で、高山小学校の六年生の子供たちは自ら考え、行動し、募金活動を起こしてくれました。

「熊本地震の復興に立ち向かっている人たちのために、温かい募金をお願いします。」

「地域の復興のために精いっぱいがんばっている人たちに、温かい募金をお願いします。」

皆さんが一所懸命に声を上げている姿に私は涙をこらえるので精いっぱいでした。

ほんとうにありがとうございます。

熊本を思って動く皆さんの姿の頼もしさにとても励まされました。

保護者の皆様、地域の皆様、改めてご協力いただきまして、心より感謝申し上げます。

宮本　恵太

宮本先生はみなさんの行動に心を動かされ、熊本市民の一人として深い感謝の思いを綴っています。

「感じたら動こう」という六年生の姿勢からはじまった今回の義援募金。感情は行動になり、行動は感動になり、被災された方々に届くことでしょう。

講話の種子

二週に渡って熊本地震に関連した講話になりました。一週目は「想像しましょう」と現地の状況を考える時間をもちました。その直後から「義援募金」の動きが始まり、週末には実現されました。熊本を郷里にもつ初任教員の書いてきた手紙もまた純粋な行動であり、それを紹介することで、この義援募金は意義深い活動となりました。

5月▼全校朝会

生活の「さしすせそ」

私たちの学校は、私たちで気持ちのよい学び舎にしたいものです。
美味しい料理を作るためには、「さしすせそ」の調味料が必要です。
「さ」は、砂糖
「し」は、塩
「す」は、お酢
「せ」は、せうゆ、つまり、醤油
「そ」は、味噌
となります。
これに倣って、四月からみんなで取り組む「生活の『さしすせそ』」を関口先生がお話してくれました。
「さ」は、さわやかなあいさつと返事
「し」は、静かな廊下
「す」は、素早い集合

Message 38

「せ」は、せっせと掃除
「そ」は、そろった靴箱
です。

とても覚えやすくて、分かりやすくて、実践するにふさわしい大切な生活のきまりです。

この「さしすせそ」が、きまりから習慣へ、つまり誰もが自然にできるようになることを期待しています。

私が子供の頃に先生から教わった言葉は、「時を守り、場を清め、礼を正す」でした。今も守っています。

みなさんも高山小の「さしすせそ」が身に付いていれば、社会に出てからきっと役に立つことでしょう。

当たり前のことにしっかり取り組むことを「凡事徹底《ぼんじてってい》」といいます。

「さしすせそ」の凡事徹底、高山小学校の「当たり前」にしましょう。

講話の種子

本校の生活指導主任が四月当初に年間を通じて取り組む生活目標として掲げた「さしすせそ」。料理の「さしすせそ」とかけたところが面白いと思います。これが学校全体で当たり前になるように指導できている学校は質の高い学校です。なぜなら、その仕掛けづくりには担任の先生の知恵と実践力が必要だからです。

6月 全校朝会

短くなった鉛筆の行方

Message 39

鉛筆の長さは約一八cmと決まっています。

この長さは、大人の手の付け根から中指の長さで決めたという話です。

鉛筆は、使えば使った分だけ短くなります。

一生懸命に勉強したり、夢中で絵を描いたりすると芯は減り、軸は削られ、少しずつ短くなります。


私が先生になった頃、一二色の色鉛筆をとても大切に使っている子供がいました。

箱に入った色鉛筆はどれも半分以下、中には五センチより短い色鉛筆もありました。

一番短い色鉛筆を手に取って、

「どうして、この水色の鉛筆はこんなに短いの？」

と、尋ねると、

「私、空と海が好きなので水色をたくさん使うからだと思います」

と話してくれました。

絵を描くことが大好きだったその女の子にとっては、色鉛筆は大切な道具であり、大事な友達のような存在でした。

鉛筆は絵を描くだけではなく、漢字を書く、日記を書く、計算をする、よく学ぶ子供の筆箱の鉛筆はどんどん短くなっていきます。高山小学校にも、そんな子供たちがたくさんいます。

さて、みなさんは短くなった鉛筆をどうしていますか？

七センチ程になると鉛筆は握りにくくなり、字もきれいに書けません。そんな鉛筆は大概捨てられてしまいます。

ちょっと、かわいそうな気がします。

そこで、校長室の前に、短くなった鉛筆を入れる箱を用意しました。

七センチまでは使い、それより短くなった鉛筆は、その箱に入れてください。

集まった鉛筆の使い道は……それはまったく分かりません。(笑)

それでも、たくさん書いて、短くなった鉛筆を捨てることなく集めてみましょう。いつか、その使い道が見つかるかもしれません。

講話の種子

短くなった鉛筆（七センチ以下）は、人差し指の根元の関節に鉛筆が当たらず、字をしっかりと書くのに適していません。そうなった鉛筆の多くは捨てるか、行方知らずになります。そこで校長室で集めることにしました。持ってきた子供とのコミュニケーションにもなります。一年間で三〇〇〇本ほど集まり、今も増え続けています。

6月 社会科見学（三年生）

社会科見学は、三つの「た」

今日は三鷹市内へ社会科見学に出かけます。
ジブリ美術館、
野川の水車、
国立天文台、
三鷹の文化、自然のすばらしさを感じてきましょう。

さて、出かける前に私と三つの約束をしましょう。

三年生になったので三つの約束をします。

三つの「た」の約束です。

一つ目の「た」は、「ただしい行動をしよう」です。

社会に出て学ぶ時のルール、マナー、モラル、よく考えて判断しながら行動しましょう。

二つ目の「た」は、「たくさん挨拶をしよう」です。

Message 40

美術館、水車小屋、多くの人にお世話になります。「おはようございます」「こんにちは」「ありがとうございました」。場面に応じた挨拶をしっかりと目を見て伝えるように心がけてください。

三つの目は「た」は、「たのしく学ぼう」です。

社会科見学は、実際に見たり、触れたり、感じたりする楽しい学習の時間です。すでに事前学習で調べたいこと、確認したいこと、発見したいことなど今日の目的があると思います。よく見て、よく考えて、よく楽しんでください。

ただしい行動

たくさんのあいさつ

たのしい学び

今日一日が充実した時間になることを期待しています。

講話の種子

学校を出て地域社会で学ぶという経験は生活科でもしています。この「三つの『た』」の約束は三年生で話をします。四年生になると「二つの『た』」に絞ります。「ただしい行動」「たのしい学び」です。「規律と自由」について意識を高めます。遠足などの集団で移動中、車中などでマナーが守れない子供がいなくなることを切に願います。

9月 二学期始業式

空っぽの虫かご

夏休みの最後の土曜日、早朝の公園で三年生くらいの男の子と出会いました。

日焼けした肌に野球帽、小脇にはプラスチック製の虫かごをぶら下げてベンチに座っています。

ふと思い出したのは同じ年頃の自分のことです。

小学校三年生の夏休み、私は自由研究で「クワガタ採集」をテーマにしました。

私の家は、のんびりとした世田谷の農業地域だったのですが、当時からクワガタはなかなか捕まらない価値の高い昆虫でした。

毎朝五時起きして、クヌギ林に行くのですが、すでに年上の五・六年生が木の根もとから幹の隅々まで探った後でした。

朝に、昼に、夕方に、何度も何度もクヌギ林に足を運びましたが、ついにクワガタを捕まえることはできませんでした。

あの夏、一匹のクワガタに遭遇するために本当にたくさんの時間を費やしました。

空っぽの虫かごをぶら下げて帰る道々、泣きたくなるような自分の気持ちをなんとかごまかしていたように思

Message 41

います。

そして、夏休みが終わり、自由研究を提出する日になりました。

クワガタの入っていない昆虫ケースを抱えて登校する不甲斐ない自分。今に思えば、よく乗り越えたね、と小さな自分を励ますことができます。

話は最初に戻りますが、公園で出会った男の子も、昆虫採集をしていました。

空っぽの虫かごを抱えて肩を落としています。

でも、私は、そっとしておくことにしました。

いつかその空っぽの虫かごに、夏の思い出がぎっしり詰まっていることに気付くだろうと思ったからです。

さて、今日から二学期です。

この夏の経験を生かして、新しい目標を見つけるため、夢を叶える力を付けるため、自分の魅力を発見するためにがんばりましょう。

講話の種子

小学生時代の自分と、今、目の前にいる子供たち、その姿を重ねてみると、共感できる切なさがたくさんあります。「大人は誰も子供だった。しかし、そのことを忘れずにいる大人はいくらもいない」（サン・テグジュペリ）は、教師にとって金言だと思います。夏休みの宿題には、その出来栄え以上に見るべき背景があると思います。

9月▼全校朝会

戦火のマエストロ

Message 42

この夏、太平洋戦争終戦から七〇年を迎えました。

みなさんも新聞やテレビ番組で、忘れられつつある戦争の記録や記憶を見聞きしたことと思います。

そんな中、私が特に心に残ったテレビ番組が「戦火のマエストロ　近衛秀麿～ユダヤ人の命を救った音楽家」（NHK BS1）です。

「近衛秀麿《このえひでまろ》」、みなさんも知っている通り、私たちの高山小学校の校歌の作曲者です。

昨年度、本校では校歌制定五〇周年を記念して集会を開催したり、記念リーフレットを作成したりしました。作詞者の三木露風先生については校内に三木露風コーナーがあり、みなさんもその生き方やお人柄に親しみを感じていることと思います。

しかし、作曲者の近衛秀麿先生については、「ベルリンフィルでタクトを振った最初の日本人」「ＮＨＫ交響楽団の前身である新交響楽団を設立した人物」という功績の紹介に留まっていました。

番組は、近衛秀麿の音楽家として優れた才能を紹介しながら、同盟国だったナチスの客人として演奏活動を続けながらも、その水面下でユダヤ人の亡命を助ける活動に踏み込んでいく姿にスポットを当てました。

第二次世界大戦中の話であり、近衛秀麿の兄は、当時の内閣総理大臣でした。そのような家系にある人物がユダヤ人を救うということは、まさに命がけの行動でした。みなさんがもう少し大きくなり、自分の力で歴史を学べるようになった時に、自分で調べ考えてみてください。

昨年度、学校で作成した校歌制定五〇周年記念リーフレットには、近衛秀麿先生の指揮で校歌を歌う当時の子供たちの姿や、三木露風先生と肩を並べて朝礼台に立つ二人の写真が残っています。それがどれだけ貴重な瞬間であったたか、今になって改めて感じます。

今日の始業式も私たちの「校歌」を歌います。

近衛秀麿先生には、校歌を歌うことでみなさんに元気になってほしいという思いがあったはずです。平和な時代が永遠に続き、子供たちが幸せに人生を歩んでほしいという願いが込められているのだと思います。秀麿先生のつくったリズムの中に、メロディの中にその思いをしっかりと感じることができます。

この校歌を歌い、二学期も元気にスタートしましょう。

講話の種子

戦後七〇年を迎えた夏、本校の校歌の作曲者である近衛秀麿の生きざまをＮＨＫの特番で知り、初めて明かされる史実に驚きを覚えました。命の重さ、平和の大切さを校歌の作曲者の生き方から伝えたい、そう思いました。放映から約一か月、どのように伝えようか、またどこまで踏み込んだ話にすべきか、時間をかけて考えました。

9月 全校朝会

ライバルは一九六四年の東京

運動会まであと一週間です。怪我や事故に気を付けて、楽しく練習を進めてください。

さて、二〇二〇年東京オリンピック・パラリンピックの開催が決定してから一年が経ちます。

東京では一九六四年にもオリンピックが開催されました。およそ五〇年前のことです。

昨年取り壊された国立競技場はその時に建てられたもので、東京オリンピックの開会式・閉会式の会場となりました。

当時、私は五歳、その年に新幹線が走りました。「ひかり号」にはじめて乗ったのはその二年後でした。

同じ年、首都高速道路が開通しました。おじさんの車でビルの谷間を流星号のように走りました。

自宅の近くには奇妙なデザインの駒沢体育館が建ちました。家族で散歩に行き、見上げたのを覚えています。

テレビでは「鉄腕アトム」や「鉄人28号」が放映され、未来都市が連想されました。

東京が、日本が、急激に成長する様子が子供にもひしひしと感じることができました。

そして、私の目には何よりも当時の大人たちの姿がりっぱに映りました。

その頃はまだ戦後一九年。戦争で疎開を体験した子供は大人になり、焼け野原となった日本の復興を世界に見

Message 43

てもらおうと、一丸となって東京オリンピックの成功に向けて働いていました。

そういう印象があり、私は「大人って面白そう」「早く大人になりたい」と思っていました。

「ライバルは、1964年」という新聞広告があります。後で校長室の前に貼っておくので見てください。古めかしい写真がコラージュされていますが、どうして五〇年以上も前の一九六四年がライバルなのか、一体何がライバルなのか、考えてみてほしいと思います。

みなさん一人一人が、東京で開催されるオリンピック・パラリンピックを直接感じることは、その後の人生の大きな経験値となるはずです。

今から様々な運動や競技に興味をもち、自分で試したり、参観したり、応援したりすることは、とてもよいことです。また、英語や外国語を学び、世界から訪れる人々と触れ合ったりサポートをしたりするボランティアもやりがいがあることでしょう。

東京オリンピック・パラリンピック開催まであと五年です。

みなさんの成長とともに、オリンピック・パラリンピックの開催が近付いてくることに、私の胸は高鳴ります。

講話の種子

オリンピック・パラリンピック教育の一環として、様々な場面で、先の東京オリンピックのことを話題にしています。当時の様子は私の人生の原風景です。一九六四年の東京の様子を自分の体験や記憶で語れる現役校長も少なくなってきました。二〇二〇年オリ・パラを機に、語り継げることはできるだけ語りたいと思います。

10月▼全校朝会

百見は一考にしかず

百聞は一見にしかず（板書）

「ひゃくぶんは、いっけんに、しかず」と読みます。

多くの人がこの言葉を聞いたことがあると思います。

意味は、実際に自分の足で現地に出向き、自分の目で見て確かめることが大切である、という意味です。

私もその通りだと思います。例えば、みなさんの学級に行き、実際にこの目で授業の様子を見ると、みなさんの真剣な姿や楽しんで学ぶ様子がよく分かります。

この言葉には続きがあります。「百聞は一見にしかず」に続いて、

百見は一考にしかず（板書）

百考は一行にしかず（板書）

Message 44

と、続きます。

聞くことよりも見ること、見ることよりも考えること、考えることより実行することが大切である、という言葉です。

私は、これをバラバラに読むのでなく、ひとつながりの言葉として捉えることがよいのではないかと思います。

つまり、思い描いた成果を出すには、よく聞いて、事実を見て、自分の頭で考えて、試してみなければ、よりよい成果にはつながらない、ということを教えてくれる言葉だと思います。

高山小学校の教育目標は四つあり、その中の二つが「考える子ども」「実行する子ども」です。

この目標のように「百考」「百行」を実践しましょう。

学校はまちがえるところ。ぜひ、実行すること、実践することを恐れずにチャレンジすることを大切にしてください。

講話の種子

出典は、「漢書・趙充国伝」の「百聞不如一見」より、とあります。したがって、その後に続く言葉は後世の創作のようですが、一つ一つの言葉は教室でも場面に応じて使える言葉なので全校朝会で取り上げました。原稿と実際の講話の違いは「コラム」（四六ページ）をご参照ください。

11月▼全校朝会

本は知識の根本《こんぽん》

先週から読書週間が始まりました。図書委員会が毎年この時期に中休みに実施しているビブリオ・タイムもとても素敵でした。

さて、ここに積んである本は一〇月に私が読んだ本です。『谷川俊太郎詩選集4』（集英社文庫）、井上ひさしの『イソップ株式会社』（中公文庫）、新海誠の『小説　君の名は。』（角川文庫）の三冊です。

二年ほど前のある調査では、小学生の一か月間の平均読書冊数は約三冊とありますから、私の読書量はみなさんと同じくらいです。

本は文字で綴られています。では、一冊の本にはどれくらいの文字数があるのでしょうか。

例えば、ここにある文庫本の一ページには六〇〇文字から七〇〇文字があります。一冊二〇〇ページだとすれば、一〇万文字前後になります。三〇〇ページだと二〇万文字前後です。

小さな一冊の本に綴られたたくさんの文字、その文字が伝えてくれる様々な知識や情報や新しい世界や不思議な物語……なんだか一冊の本が宝箱のように見えてきます。

Message 45

「本」という漢字を知っていますね。一年生で習う字です。

木

↓

本

「木」（板書）の根本《ねもと》に印をつけたものが「本」（板書）という漢字の成り立ちです。

木の「根本《ねもと》」（板書）と書いて、「こんぽん」と読みます。「物事がそこから出発して成り立っている、一番大切なもと」という意味です。

だから、「本」という字を含む熟語には、本物、本当、本質、手本、見本、基本などの大切なものを表す意味が多くあります。

一冊の書物・書籍を「本」というのは、本が私たちの「知識の本《もと》」となるからです。

読書週間をきっかけに読書を習慣にしましょう。

講話の種子

本は、図書、書物、書籍などとも言います。和英辞典を引くと、本、図書、書物、書籍に対する英語は「book」だけです。本と書物は「a book」、図書と書籍には「books」という英語が充てられています。日本語の多様性を感じます。原稿と実際の講話の違いは「あとがきにかえて」（一六九ページ）をご参照ください。

12月 ▼ 算数授業（六年生）

私のpetit《プチ》研究

Message 46

先週、みなさんは算数で「組み合わせ」の学習をしました。その学習と関連がある話題が日曜日に読んだ本にあったので紹介します。

私が気になったのはこの表です。（表1を提示）

○と●が合計で一五個あります。なんだか分かりますか?

○は白星、●は黒星と言い、大相撲の一五日間の星取表です。○は勝ち、●は負けの印です。

この星取表は、平成一六年九州場所の玉飛鳥という力士の実際の成績です。

この力士は、初日に勝ち、二日目に負け、三日目は勝ち、でも四日目は負け、五日目はまた勝って、とうとう勝ちと負けを交互に繰り返し、千秋楽に勝って、八勝七敗で勝ち越しました。

この力士はずいぶん大変だっただろうな、と考えたり、観客は毎日面白かっただろうな、と思ったりしているうちに私の半日自由研究が始まっていました。

まず、過去の八勝七敗の星取表を調べてみました。

例えば、同じ八勝七敗でもこんな星取表がありました。（表2）

表1

○●○●○●○●○●○●○●○

表2	○○○●●●●●●●○○○○○

初日勝って、続けて七回負けて、残りは連続七日勝った力士もいました。頑張った力士が想像できます。他にも、八勝七敗の星取りは様々です。それぞれ一つ、つくってみましょう。

（「○○●○●○○●●●○○●○●」などや「●○○●○●●○○○○●●○●」など……）

同じ星取表がないようです。一体、何通りの八勝七敗があるのでしょうか。

答えは、「六四三五通り」です。実はこの解は数学を使うと計算で求められます。一五個の星の中から八個を選ぶときの「組み合わせ」の公式（15C8）を使います。

さて、このことを考えていて、もう一つ気になって調べたことがあります。

初めに紹介した「○●」を繰り返すパターンで八勝七敗を収めた力士は他にいるのかということです。

私が生まれた五七年前からすべての取り組みを調べてみたところ、約一五万試合の中で、一九六四年一一月場所の河内山という力士、それから九年後の一九七五年の一一月場所の隆の里という力士、さらに一三年後の一九八八年五月場所で花ノ藤が同じ記録を残していました。半世紀以上に渡る中で、たった四回しかない記録でした。

以上、私のプチ研究でした。こんなことに半日を使いました。（笑）

講話の種子

「私の petit 研究」と名付けて、六年生の算数授業で数学にふれる話をしました。安野光雅さんの『算私語録　そのⅡ』（朝日文庫）にあった五行ほどの話がネタです。算数を通じて子供たちとの距離感を縮めることは、私の楽しみの一つです。

1月▼全校朝会

三木露風のパッションに学ぶ

Message 47

先週の水曜日、「黒柳徹子のコドモノクニ」（BS朝日）という番組で「名曲「赤とんぼ」誕生秘話　詩人・三木露風の世界」が放映されました。

私たち高山小学校の校歌は三木露風先生の作詞です。そのご縁からテレビでは本校の紹介、子供たちの出演となりました。

三木露風先生は、明治二二年、兵庫県龍野町に生まれ、五歳の時、母親と離れ離れになりました。

小学生時代から詩や俳句を書き、若くして数々の詩集や童謡作品を発表しました。

名曲「赤とんぼ」は三一歳の時、北海道で作詞されたと言われています。

その後、昭和三年から三鷹市牟礼、私たちの小学校のすぐそばに移住し、生涯をこの地で過ごされました。

テレビのディレクターの取材に応じたついでに、学校に残っている資料にていねいに目を通してみたところ、大変興味深い資料が出てきたのでみなさんに紹介します。

一九六三年、開校五年となる私たちの小学校には校歌がありませんでした。

そこで高山小学校では、作詞を三木露風先生にお願いしよう、ということになり、九月、露風先生のご自宅に出向き、「今年度の卒業式には校歌を歌いたいのです」と伝えたそうです。

それを聞き、露風先生は、「分かりました。それでは、間に合うように急いでつくりましょう。作曲は近衛さんに頼んでみましょう」と、快諾されたとあります。

その年の一二月五日、露風先生は一人で学校に来られ、作詞した校歌を置いて帰ったそうです。

しかし、この歌詞は「幻の校歌」となります。歌詞が、小学生にはむずかしい言葉だったのです。

そこで歌詞を分かりやすく書き直してもらうよう再びお願いすることになりました。

露風先生は、その話を聞き、新たな歌詞を書き上げ、近衛秀磨先生に渡しました。

私が資料を調べていて驚いたのは、そのスピードでした。

近衛秀磨先生直筆の楽譜には「十二月二四日　下目黒にて」と記されています。

露風先生が最初の歌詞を学校に持参されたのが「十二月五日」、それから書き直したことを考えると、その期間は一〇日ほどと考えられます。この短い時間に一気に校歌を完成させたことが分かります。

「パッション」という言葉があります。「情熱」という意味です。みなさんには、この二人の天才が校歌を生み出した時の熱い情熱を受けとめながら、これからも校歌を誇り高く歌い継いでほしいと強く願っています。

講話の種子

本校の校歌は、三木露風作詞、近衛秀麿作曲です。二人の偉大な芸術家がこの世に残した共同作品です。五〇年以上も経つと、作曲当時の史実は埋もれてしまう場合があります。私が本校に着任した年が偶然にも校歌制定から五〇年目だったこともあり、以来、毎年「校歌」にふれた話を語り続けています。

1月▼全校朝会

学びの「さしすせそ」

私たちの学校には、生活をよりよくするための合言葉があります。

それが高山小学校の「生活の『さしすせそ』」です。

「さ」は、さわやかなあいさつと返事。「し」は、静かな廊下。「す」は、素早い集合。「せ」は、せっせと掃除。

「そ」は、そろった靴箱、です。

この「生活の『さしすせそ』」の取り組みを始めて九か月が経ちますが、「きまり」から「習慣」に、誰もが当たり前のことのようにできるようになりました。

そこで今日は、新しい「さしすせそ」をみなさんに紹介します。

「学びの『さしすせそ』」です。

「さ」は、「探す」です。疑問の目をもって見つめること。問題を自分で感じ取って、追求していきましょう。

「し」は、「調べる」です。なぜだろうと思ったことは、辞書、辞典、インタビュー、現地に行っての見学、インターネットなど自分で調べる力が大切です。

「す」は、「筋道を立てて考える」です。国語で学ぶ言葉の力、算数で学んだ式や図は、筋道を立てて考える時

Message 48

の大事な力になります。

「せ」は、「整理する」です。世の中は情報にあふれています。だから目的に応じて整理し、目的に合わない不必要な情報は捨てることが大切です。

「そ」は、「総括する」です。難しい言葉ですが、様々な学習で学んだことを振り返って、結び付けて、使える知識にしていくことです。

「探す」、「調べる」、「整理する」「筋道を立てる」、「総括する」。学校で学ぶ時も、学校以外で学ぶ時も、習慣にしてください。

人生が八〇年あるとすれば、学校で学ぶ時間はその五分の一くらいです。残りの五分の四はみなさんが自分の力で学んで生きていくのですから、今から学びの心構えをつくることは大切なことです。

講話の種子

「生活の『さしすせそ』」が子供たちに分かりやすく浸透したので、「学びの『さしすせそ』」を考えてみました。ここで話した「学びの『さしすせそ』」は、「生活」のそれとは違い、特段、子供に覚えさせる必要のあることではありませんが、担任が授業や保護者会の話題にしてくれればよいと思って話しました。

1月 全校朝会

判断する力

Message 49

イソップ物語に「ロバを売る親子」という話があります。あらすじをお話しします。

昔、ある親子がロバを売りに町に出かけました。親子はロバに手縄をつけて引いて歩いていきました。その様子を見た通りがかりの人に、「せっかくロバを連れているのだから乗ればいいのに」と言われたので、子供をロバに乗せて歩いていきました。

しばらく歩くと今度は別の人が、「親を歩かせるとはなんて親不孝な子供だ」と言うので、子供を下して親がロバに乗って歩いていきました。

また、しばらく歩くとまた別の人から、「子供を歩かせて親だけが乗るなんて、なんてひどい親だ。一緒に乗ればいいのに」と言われたので、今度は二人でロバに乗っていきました。

さらに行くと、また別の人が「小さなロバに二人が乗るなんてかわいそう」と言うので、それもそうだと思い、親子は、ロバを狩りの獲物を運ぶように一本の棒に両足をくくりつけて、担いで歩きました。

やっと町に近付き、橋を渡ろうとしたところ、担がれたロバが苦しがって暴れ出し、川に落ちて死んでしまいました。

結局親子は、苦労しただけで一文の利益も得られませんでした。

さて、みなさんはこの親子をどう思いますか。

この親子はロバを売るために町へ歩いていく間に、五つの方法でロバを運びます。

やさしい親子だとは思いますが、残念なことに、自分の頭で考えずに、人に言われるがままに次々と方法を換えていきます。

その結果、ロバは川に落ちてしまい、ロバを売るという目的は達成できませんでした。

みなさんも目的を決めて、それを実行していく間に、たくさんの判断を迫られることがあります。

困ったら、人の話に耳を傾けることは大事なことですが、その時、しっかりと自分の頭で考えて判断しなくてはいけません。

成功するには「チャンス」に恵まれるだけではなく、正しい「チョイス」、つまり「選択をする」ことがとても大事なことです。

講話の種子

道徳の教材にも使われている古い寓話です。問題を解決しようとする時、特に「計画を実行する場面」に多くの落とし穴があります。この寓話には、方法の選択を誤るとすべてが水泡に帰すという教訓があります。子供にも、大人にも、分かりやすく、考えるところがある、古典的で今日的な寓話です。

2月▼全校朝会

やりたいことがいっぱいの今日にしよう

Message 50

絵本作家、ヨシタケシンスケさんの作品を読みました。（絵本『このあとどうしちゃおう』（ブロンズ新社）を見せる）

「このないだ　おじいちゃんが　しんじゃった」という男の子の一声で始まる絵本です。

おじいちゃんが死んだ数日後、男の子がおじいちゃんの部屋を掃除していると、一冊のノートが出てきます。

ノートの扉ページには、

「このあと　どうしちゃおう」

と書かれています。

ノートを開くと、おじいちゃんは自分が死んだあとの予定や、天国で会いたいいろいろな神様のことや、おじいちゃんが想像した天国のようす、生まれ変わってなりたいもの、みんなを見守る方法、など、「死んだあと、どうしたいのか」がたくさん書かれています。

男の子は、ノートを読み進めるうちに考えます。

「おじいちゃんはなんだか楽しそうだけど、本当は死ぬのが怖かったんじゃないのかな？　だから、こんなノートを書いたんじゃないかな？」と考えます。

そして、自分もおじいちゃんと同じノートをつくってみようと思い立ちます。

早速ノートを買ってきて、自分が死んじゃった「あとのこと」を考えます。

そうすると、今、生きているあいだにやりたいことがいっぱいあることに気付きます。考えなくてはいけないことがいっぱいあることに気付きます。

結局男の子は自分らしいノートをつくることにしました。

タイトルは「生きているあいだは　どうしちゃおう」ノートです。そして、自分は何をしたいのかを改めて考えてみます。


みなさんは、今日、やりたいことをはっきり言えますか？

明日に向けて準備したいことはありますか？

やりたいことがいっぱいある子供がたくさんいる学校にしたい、それが私の目標です。

「今日が楽しく、明日が待ち遠しい学校」とは、そういう学校です。

講話の種子

「子供時代を子供らしく真に全うした人間だけが、豊かな大人になれる」という言葉を学生時代に恩師から学びました。私が目指す「今日が楽しく、明日が待ち遠しい学校」とは、子供一人一人のやりたいことが明確な学校です。

「今日は何がやりたいの？」この問いに明朗な答えが返ってくる子供であふれる学校にしたいと強く思います。

3月▼全校朝会

大切なものはあとから分かる

Message **51**

この本は今から四五年前の一九七二年、私が中学二年生の時にある人から頂いた本です。（本を見せる）サン・テグジュペリという人が書いた『星の王子さま』（岩波書店）という本です。この本の一〇六ページの一節を読みます。


「砂漠は美しいな……」と王子さまがつづいて言いました。

まったくそのとおりでした。僕もいつも砂漠が好きでした。砂山の上に腰をおろす。なんにも見えません。なんにもきこえません。だけれど、なにかが、ひっそりと光っているのです……。

「砂漠が美しいのは、どこかに井戸をかくしているからだよ……」と、王子さまが言いました。

とつぜん、ぼくは、砂がそんなふうに、ふしぎに光るわけがわかっておどろきました。


「本当に大切なものは目に見えない」という言葉が出てくる有名なシーンです。

この本をくれた「ある人」とは私の家庭教師だった大学生です。毎週一回、自宅で数学や英語を習いました。

私はその家庭教師に素直になれず、学習中はいつも不機嫌で反抗的でした。返事もしないくらいひどい態度で教えを受けていました。

一年ほど経った頃、その家庭教師が、「僕、今日で家庭教師を辞めます」と私に言いました。そして、一冊の本を置いて帰りました。それがこの本です。本には一枚の栞が入っていて、こう書かれていました。

「この本は人生の中で何度でも読み直せる本だと思います。中学生、高校生、成人、三〇歳になっても、四〇歳になっても、その年代になって考えたり、気付いたりすることがあると思います。泰君もこれから乗り越えなければならないことは多いと思いますが、がんばって下さい」とありました。

あれから四五年経ち、私は五八歳になりました。そして、今もこの本を読んでいます。本当にいくつになっても新しい発見があります。あの時の家庭教師の言葉が浮かんできます。

当時は好きになれなかった学生家庭教師ですが、年を重ねるごとに、思いやりのある優しい人だったんだな、と思います。そして「大切なもの」が見えていなかった過去の自分がとても恥ずかしくなります。

私にとってこの『星の王子さま』という本は、若くて、未熟な私に、一生懸命に向き合おうとしてくれた若い大学生の家庭教師の姿が浮かんでくる、別の物語がある本です。

講話の種子

自分が読んだ本や聴いた音楽は、その内容だけではなく、その時代の自分の姿を映している場合が多々あります。自身の若いころの未熟さや失敗談を子供たちの前で語る時、その背景にいた人の思いや温かさが感じられるようなストーリーがあるといいと思います。一冊の本にある「もう一つの小さな物語」は講話になります。

第Ⅳ章

深める

4月 ▼ 離任式挨拶

一秒の言葉

今日は「離任式」といって、転出された先生・主事さんとのお別れの会です。

みなさんには、私から一つの詩をおくります。

コピーライターの小泉吉宏さんの「一秒の言葉」という題の詩です。

一秒の言葉

小泉吉宏

「はじめまして」

この1秒ほどの短い言葉に、一生のときめきを感じることがある。

「ありがとう」

この1秒ほどの短い言葉に、人のやさしさを知ることがある。

「がんばって」

この1秒ほどの短い言葉で、勇気がよみがえってくることがある。

Message 52

「おめでとう」

この1秒ほどの短い言葉で、幸せにあふれることがある。

「ごめんなさい」

この1秒ほどの短い言葉に、人の弱さを見ることがある。

「さようなら」

この1秒ほどの短い言葉が、一生の別れになるときがある。


1秒に喜び、1秒に泣く。一所懸命、1秒。


「はじめまして」と「さようなら」、大切な人との出会いと別れはひとつながり、いつかは必ず別れが訪れるからこそ、出会った人に誠実にかかわることが大切なのだと思います。

今日のこのお別れの時間を、どうか大切にすごしてください。

講話の種子

年に一度の離任式には、毎年この詩集を開き、読みます。子供も先生・主事も、出会いと別れのかけがえのない時間と出来事をかみしめます。私は子供の頃、「離任式」を「リニンシキ」と音声だけで認識し意味が分かりませんでした。ですから、子供たちには「お別れの時間」と言い換えて話をします。

4月▼前任校の離任式挨拶

万里一空

三月三一日、春休みの間に私は南浦小学校を去りました。それから二〇日あまりが経ちました。久しぶりにみなさんに会えてとても幸せな気持ちです。

一体、どれくらいの時間、この体育館の舞台から、私はみなさんに話をしたのでしょうか。

一年間に約四〇回、三年間でおよそ一二〇回。一回三分間とすれば、合計で六時間程のことですが、いつも私の話をしっかりと受けとめ、考えてくれるみなさんに話をする時間は、私にとって本当に大切な時間でした。

今日は、三年前にみなさんに話したお話の一つを選んできました。もう一度ここで話します。

　　ことばのちから

みなさんと一緒に考えたいことは、「言葉の力」です。

みなさんも私も、毎日、「新しい言葉」に出会っています。

新しい言葉に出会ったら、その言葉の意味を考えてみましょう。

よい言葉に出会えたら心の中にメモを残しましょう。

新しい言葉は、「新しい自分」です。新しい言葉は、「新しい世界」です。

それまで無関心だったことが身近に思えるようになります。

それまで気付かなかったことが見えるようになります。

「人」は言葉で考え、行動を決定しています。

どんな言葉を知っているか、どんな言葉を使うか、それだけで、生き方もかかわり方も変わってきます。

学校に通うということは「新しい言葉」に出会うためでもあります。

みんなで「すてきな言葉」があふれる南浦小学校にしましょう。

この話をした後から、みなさんの意識が変化し、南浦小学校はすてきな言葉にあふれる学校となりました。
今、六年生の小町さんからいただいた「お別れの言葉」も心琴に響きました。お礼に言葉をお返しします。
「万里一空」（板書）
広い空の下、私たちは同じ心でずっとつながっている、という意味です。三年間、本当にありがとう。さようなら。

講話の種子

前任校の離任式での言葉です。東京都内の教員人事は四月一日付けの発表なので、子供たちとのお別れの式は、四月の後半頃に開かれます。毎週の全校朝会で自分が子供たちに伝えてきたことが、こういった場面でよく分かります。話に聞き入る子供たちの瞳に、学校で過ごす時間・空間がどれほど貴重なものかを実感します。

6月▼自然教室閉校式（六年生）

経験と体験と成長

Message 54

三泊四日の自然教室、これが最後の話となります。

昨夜のキャンプファイヤー、あの場所で見た夜空に瞬く無数の星々を思い出してみましょう。

私はあの奇跡的に美しい星空を見ながら思ったことがあります。

それは、自分の生き方や考え方が変化したり成長したりするためには、二つの体験・経験が必要なのではないかということです。

一つは、人としっかり向き合い、誠実に関わり合うことの体験・経験。

一つは、言葉にならないような大自然のすばらしさにふれ、深い畏敬の念をもつことの経験・体験。

このことは三泊四日、みなさんの変化や葛藤、そこからの成長を見つめながら気付いたことです。

体験と経験、言葉は似ていますが、私は少し異なる意味があると考えます。

体験は、事前に計画があって、それを自らの手で実行していくことです。そういう意味では自然教室の生活はすべてが体験活動と言えます。

経験は、その中でも、さらに価値ある出来事に遭遇することです。自然とのかかわりは予想ができないものが多く、例えば昨夜、みんなが見た満天の星空がそれに当たります。

体験も経験も、そこで得たものをどう生かすかは個人に委ねられています。

どうかそれぞれの心の中で育てていってください。

九九人で三鷹を出発して九九人で戻ってくることができました。それは八〇時間という時間を誰一人、事故なく病気なく過ごしたということです。当たり前のことのようですが、実は簡単なことではありません。

家庭を離れ、自己管理をし、生活の役割をこなす中、さらに仲間と折り合いを付けながら、決められたスケジュールに沿って動く。できるだけ穏やかに、前向きに。みんなよくがんばりました。

自然教室のテーマとして私が出発式で掲げた「自立と共生」は、今のみなさんならば、実感をもって考えられるレベルに至っていると思います。

本当に貴重な八〇時間を過ごすことができました。

今夜は家庭のよさを存分に味わってください。

講話の種子

三泊四日、六年生と過ごす自然教室では多くのドラマが生まれます。この時の体験と経験は、すぐに応用できるようなものではありません。なぜなら当人たちは、その場をこなすのに精一杯だからです。すぐにできる、すぐに分かる、そういう即効性ばかりを求めることが教育の目的ではないと、最近つくづく思います。

6月▼全校朝会

ビートルズが五〇年前に願ったこと

Message 55

五〇年前の今週にあった話をします。

一九六六年六月三〇日、七月一日、二日。「ザ・ビートルズ」というバンドの公演が日本武道館で行われました。

その時、私は小学校三年生。残念ながら、ビートルズには全く無関心の子供でした。

しかし、今になって、五〇年前の出来事を知り、思うところがいろいろとあります。

例えば、ビートルズ四人の警備に要した警官動員数は、約八五〇〇人という記録が残っています。先の伊勢志摩サミットの警備数は約二万人でした。この警備数を「首脳一人当たり」で見ればほぼ同数の警備体制です。

イギリスから来た四人のロックバンドに対してここまで厳重な警備体制をとったことは驚きです。

ある学校では、「ビートルズの公演には絶対に行かないように」と先生にきびしく指導された生徒もいたそうです。

しかし、今では、ビートルズの曲は中学校・高校の全ての音楽の教科書に載っています。

また、演奏会場となった日本武道館は、「伝統的な武道の精神に反するビートルズには使わせない」という対応でした。

このことについてビートルズ（ポール・マッカートニー）は記者会見で、

「僕たちは、日本の武道団が英国の王立劇場に出演しても、伝統を汚されたとは思いません」

と回答をしています。

「自国の伝統」を大切にするとともに「他国の文化」を重んじた機知に富んだ発言でした。

同じ記者会見で「あなたたちは富と名声を得たけど、次に欲しいものは何ですか？」と聞かれたビートルズ（ジョン・レノン）は、

「PEACE」

と答えましたが、記者たちはジョークだと思い笑いました。

あれから五〇年、今もなお、世界中が平和になってはいません。戦争は絶えません。

あの時、ビートルズは本気で「平和《ピース》」を願って発言していたのです。

次の五〇年後、ビートルズの「来日一〇〇周年」を迎える時には、みなさんは今の私と同じ歳です。

どうか世界の全ての人々が「平和」を手にしてほしいと願っています。

講話の種子

本校では、外国語活動でビートルズの曲、「ハロー・グッバイ」を教材にしているので、子供たちは全員がビートルズを知っています。過去から未来を学ぶことは、様々な場面で子供たちに伝えていかなければなりません。時代を少しだけ遡り、振り返って応用し、よりよく考え、生きる力を育てたいものです。

7月▼全校朝会

世界で一番歌われている歌

Message 56

世界で一番歌われている歌は何という歌だと思いますか。

さきほど、一人の先生に聞いてみたところ、「アメリカ国歌」と答えました。

理由を尋ねると「人口も多いし、オリンピックなどでも優勝が多いから」ということでした。

みなさんは、どんな曲だと思いますか?


正解は、「ハッピー・バースデー」です。

世界には七〇億人以上の人がいて、毎日が七〇億の命が生まれた誰かの誕生日に当たるからです。

この中に今日、誕生日の人はいますか?（「はい」と手が挙がり、拍手が起きる）

この「ハッピー・バースデー」という曲は、今から一二〇年前にアメリカでつくられた曲です。

実は、原曲は「Good morning to all」という曲でした。

Good morning to you,

Good morning to you,
Good morning, dear children,
Good morning to all.

「全ての子どもたちにすてきな朝を」。そんな当たり前の幸せを歌った曲です。素直で、すてきな詩です。

もし、この歌がこの歌詞のままで、毎朝、世界中で歌われたら、もっと「世界で一番歌われる歌」になります。

今日もみんなと「おはようございます」が言えました。たくさんのタッチができました。すてきな朝の挨拶が今日もできること、明日もできること。

そんな当たり前の幸せを大切に、これからも挨拶を交わしていきましょう。

講話の種子

校長になってからずっと続けていることの一つに、六年生との月ごとの誕生日会があります。私が六年生を校長室に招待し、紅茶とクラッカーの軽食を取りながら談笑します。その際に私はウクレレで「ハッピー・バースデー」を弾きます。「おめでとう」も「おはよう」も、それが言える幸せを忘れないように伝えます。

7月 全校朝会

自ら学ぶということ

私が担任だった時の話の話をします。

ある日、国語でローマ字の授業をしていました。「じゃ」「じゅ」「じょ」という音がまじった言葉を探し、ローマ字に表す学習をしていると、一人の子が「じょうろ」と言いました。お花に水をあげるあの「じょうろ」です。

さっそく、みんなでノートに「じょうろ」と書き、ローマ字で書いてみようということになりました。

すると、別の子が「これって、平仮名ですか？　それともカタカナですか？」と言いました。

確かに「じょうろ」のようでもあり「ジョーロ」のようでもあります。平仮名で書くのであれば日本語です。カタカナなら外来語です。さっと国語辞典に手を伸ばして調べ始める子もいます。

「先生、辞書には『じょうろ』って平仮名で書いてあります」「じゃ、きっと日本語だね」ということで納得し、「zyouro」（板書）とローマ字で書きました。

授業が終わって休み時間のことです。淳美ちゃんという子が別の辞書を持ってやってきました。

「先生、ここには『如雨露』（板書）って書いてあるけど、本当に日本語かな？」と質問してきました。

私も次の授業の準備があったので「さあ、どうだろう？」ときちんと取り合うことなくその場は終わりました。

Message 57

すると翌日、また、淳美ちゃんがやってきて言いました。

「先生、ポルトガルってどこにあるか知っている?」

「え? ポルトガル? どこだろう? でも、なんでそんなこと聞くの?」と返答すると、一枚の紙を私に手渡しました。そこには、鉛筆でヨーロッパの地図が書かれて、ポルトガルの位置が示されていました。

そして、その地図の下に、

「じょうろ=ポルトガル語」

と書かれていました。

淳美ちゃんの学びを振り返ってみましょう。

国語の時間にローマ字の学習で「じょ」のつく言葉を探していました。誰かが「じょうろ」と言いました。それが、日本語なのか外来語なのかが少し話題になりましたが、日本語だろうということで授業は終わりました。しかし、そのあと一人で辞書を調べ、「如雨露」という漢字は、外来語の当て字ではないだろうかと考え、自ら調べてきました。しかも世界地図でその言葉の生まれた国まで調べています。

「自ら学ぶ」といいますが、みなさんにもこういう学び方ができる子供になってほしいな、と期待しています。

講話の種子

「如雨露」は、一説にはポルトガル語で「水の噴出」を意味する「jorro」に由来するともされています。今ならインターネットで直ぐに探せますが、これは一九九八年の話です。よく調べ上げてきたと感心します。この話は、当時発行していた学級通信に掲載し、保護者会でも話題にしました。

8月▼「ホームページ」からの講話

七一年目の終戦の日に伝えたいこと

Message 58

学校が夏休み中なのでＨＰを通じて話をします。

今日は終戦記念日です。

この夏、永六輔さんの本（『むずかしいことをやさしく、やさしいことを深く、深いことを面白く』毎日新聞社）を読んでいて出会った言葉です。

天災には
言いようのない悲しみがあり、
人災には
言いようのない怒りがあります。

八月六日、八月九日には、広島、長崎の平和記念式典が行われました。

広島、長崎でそれぞれ平和宣言が行われました。

たくさんの人々の悲しみ、怒り、祈りを感じました。

広島市長、長崎市長がそれぞれ、先のオバマ米大統領の広島訪問に触れ「大統領は、自分の目と、耳と、心で感じることの大切さを世界に示した」と述べ、引き続き、世界の人々と共に核兵器のない平和な世界の実現に向けて力を尽くすことを誓っています。

「七一年前の雲一つない晴れた朝、空から死が降ってきて、世界は一変した」

という言葉から始まったオバマ大統領のスピーチは、次のように締めくくられています。

「世界はここで永遠に変わってしまった。しかし今日、この街の子供たちは平和に一日を過ごすだろう。それは何と貴重なことか。それは守るに値することであり、全ての子供がそうあるべきだ。これこそわれわれが選択できる未来だ。広島と長崎が核戦争の夜明けとしてではなく、私たち自身の道義的な目覚めの始まりとして知られる未来だ」

学校は夏休みですが、今日は、どうかそれぞれに平和について考えてみてください。

講話の種子

原爆投下の日や終戦の日が夏休み期間中のため、平和について考える大事な機会を生かせていません。そこで学校HPで校長講話を発信しました。HPなので高学年向きの文章となっていますが、こうして発信しておくことによって、夏休みが終わってからも話題にできます。発信日は事前に学校だよりでお知らせしておきます。

9月 全校朝会

イチローが嫌いだ？

リオ・オリンピック開催中の二〇一六年八月八日、アメリカのコロラド州にある標高一六〇〇メートルのデンバーのスタジアムで、イチロー選手が大リーグ通算三〇〇〇本安打という大記録を達成しました。

この記録に現地は大いに沸き、アメリカのファンの称賛の声がたくさん取り上げられていました。例えば、「イチローは野球に対する誠実さがすばらしい。審判に抗議をしたり感情を乱したりしているところを見たことがない」「日本から来てアメリカでがんばっているイチローを誇りに思う。イチローが大好きだ」などです。

ところが、イチローの本国である日本では、この大記録を達成する数日前から、

「イチローが嫌いだ」

というコマーシャルがテレビから流れてきて私は驚きました。

しかも、「嫌いだ」と言っているのは、オリンピック・パラリンピックの代表選手でした。

しかし、四人の言葉は次のように続きます。

「イチローが嫌いだ。あの人を見ていると、限界という言葉が言い訳みたいに聞こえるから」

「イチローが嫌いだ。あの人を見ていると、どんな逆風もチャンスに見えてくるから」

Message 59

「イチローが嫌いだ。あの人を見ていると、努力すら楽しまなきゃいけない気がするから」

「イチローが嫌いだ。あの人を見ていると、自分にウソがつけなくなるから」

そして、最後に、

「でも、同じ人間のはずだ」

と力強く結びます。

イチロー選手の一路邁進する姿に少しでも近づきたい、そう強く思うアスリートたちのあこがれ。自分に果たしてできるだろうかという不安。でも、負けるものかという強い覚悟。

様々な思いが大きな尊敬の気持ちとなり、最大級の称賛の言葉、「イチローが嫌いだ」という表現になっています。

私は、イチローが大好きです。

なぜなら、「あの人を見ていると、努力は裏切らない、という言葉が信じられるような気がするから」です。

講話の種子

パソコンで「イチロー」と入力したら「一路」と誤変換されましたが、「一路邁進」のイチローの姿そのものだと思いました。講話の素材にテレビＣＭを使うことは度々あります。このＣＭも「一秒の言葉」「おもいやり算」「こだまでしょうか」等同様の名広告だと思います。

11月 音楽会開会の言葉

かがやく音色　心をつなぐ

「かがやく音色　心をつなぐ」

代表委員会がつくった今年の音楽会のスローガンが私はとても好きです。

「音色」（板書）と書きますが、音は空気を伝わって耳に届くので「色」はありません。

それでも不思議なことに、「色」が見えてきます。

では、「心をつなぐ音色」とは何でしょう。

これは、オルゴールの機械部分です。（写真）手の平に乗るほど小さくて見えないくらいです。

ネジを巻くので聞いてください。（子供たちは耳を澄ます）

かすかな音しか聞こえません。広い体育館では音色はおろか、音さえも届きません。

では、私は今からこの音をみなさんに届けたいと思います。（ピアノの前に移動）

ここに、一台のピアノがあります。ピアノはただ黙ってここにいます。

Message 60

今からこのピアノの力を借ります。

先ほどと同じようにオルゴールの機械のネジを巻き、ピアノにそっと着けると……。

（ピアノが共鳴体となった巨大オルゴールとなり、「星に願いを」が体育館中に響く）（子供たちが感動のため息）


ほら……小さな音がこんなにも豊かに響きます。


「共鳴」という言葉があります。互いに響き合う、という意味ですが、時にはこのピアノのように、そばにいるだけで相手を響かせてあげられる存在にもなりえます。

私たちは友達や仲間がいて共鳴できます。自分と友達は、このオルゴールの機械とピアノの関係のようなものです。

仲間がいて相手もかがやく、仲間がいて自分たちの音色が描けます。

素敵な学芸会、音楽会にしましょう。

講話の種子

オルゴールのムーブメントだけでは音は出ません。しかし、それをピアノに共鳴させると驚くほど響きます。つまり、ピアノを木箱にした巨大なオルゴールになるわけです。響きあうことがテーマの学芸会や音楽会の挨拶にこの演出は効果的です。保護者アンケートでも「校長先生のお話がとてもよかったです」と好評でした。

12月▼算数授業（六年生）

六年生誕生日会余話――「グラスは何回鳴ったのかな？」

六年生とは、毎月、校長室で誕生日会をやっています。

キャンドルに灯をともし、クラッカーと紅茶がテーブルに並びます。

みんなで乾杯をして会食をします。私からはウクレレ演奏をプレゼントします。

先週は一二月生まれの誕生日会でした。一二月生まれは私を入れて八人でした。

乾杯のあとに私がこう言いました。

「今、八人が全員と乾杯したね。では、カップの音は何回鳴ったでしょうか？」

一瞬、間をおいて口々に回数を言います。「六四」「四九」「一四」「二一」など、ばらばらでした。

そこで、「じゃ、もしここにいるのが『四人』だったら何回鳴るのかな？」と聞きました。

「それなら、六回。だって……ちょっと書いていいですか」といって、松本さんが順序良く実演で説明してくれました。

「じゃ、八人なら一二回だ！」「うん、四人で六回だから、その二倍で一二回！」と声が続きます。

「え～、でも、ちょっと少なくない？」と横場君が言います。

Message 61

「僕がまず全員と乾杯するでしょ。すると、一回、二回……七回鳴るでしょ。それで、次にとなりの校長先生も全員とするでしょう。僕とは一回しているから六回。これだけで、もう一三回になるでしょ」と説明。なるほどと、みんな頷きます。

岡本さんが「図に書けば分かるけど、頭の中ではちょっとムリ」と言います。

誕生日会がなんだか算数の学習会のようになってきました。思わぬ展開ですが、なんだかみんな楽しそうです。

校長室の黒板に図を書いてみました。しかし結局、ゴチャゴチャでわけが分からなくなってしまいました。

荒井君が「数が増えると、図では解決不可能！（笑）」ときっぱりと結論を出しました。「じゃ、残りは宿題のプレゼントね（笑）」と言うと、「いやいや結構です（大笑）」と全員が揃って声を出したのには大爆笑でした。

それから改めて乾杯をして、誕生日会を楽しく過ごしました。

さて、本当のところ、グラスは何回鳴ったのでしょうか?

講話の種子

六年生とは月ごとに、一二時四五分から約一時間、校長室で誕生日会を開催しています。この話題は一二月の誕生日会での様子です。「場合の数」の授業の導入にこの話をして、問題解決をはじめました。算数の導入問題になる「みんなの問題」となりました。

君がもっているものとは？

詩人、まど・みちおさんの「ぼくは何を」という題の詩を読みます。

ぼくは何を

まど・みちお

ぼくは　何をもっているのだ
やさしさなら　お母さんがもっている／勇気なら　お父さんが
すなおさなら　ポチが／賢さなら　先生がもっている
がまん強さなら　冬のムギが／勤勉さなら　夏のアリが
そして　美しさなら／道ばたの一本のタンポポがもっている／／
で　ぼくよ　何をもっているのだ
いつも後で　しまったと思う
おっちょこちょいと／だれにも負けない　いたずら心の他に……

Message 62

笑うなかれ！
希望だ……／／
やさしくて　勇気があって／すなおで　賢くて／がまん強くて　勤勉な
美しい心／に　ぼくを少しでも近づけたいという……／／
笑うなかれ！／という　ぼくよ
自分で笑っちゃ　サマにならぬぞよ！

まど・みちおさんらしい、とても面白い詩です。やさしくて、勇気があって、すなおで、賢くて、がまん強くて、勤勉で、美しい心をもった人間になりたい。そういう人間に少しでも近づきたい、という純粋な「ぼく」の希望を歌っています。

今日はこのあと、担任の先生から「あゆみ」をもらいます。「あゆみ」にはみなさんの成長の姿、学びの足跡が記されています。しっかりと受けとめて、三学期に向かって一人一人がもっている大切な力を捉え直し、新たな目標につなげていきましょう。

講話の種子

よい詩は、それを紹介するだけで素敵な講話となります。その際はいろいろな感想や解釈を加えず、子供自身に味わわせたほうがよいと思います。大切なことは、「今、なぜ、この詩を取り上げるか」という「状況」です。よい詩に出会えたとき、その詩を「いつ、使うか」。それを見極めて講話をするタイミングが大事だと思います。

1月 ▼ 三学期（酉年）始業式

鳥の目、虫の目、トンボの目

Message **63**

元日、六年生からりっぱな年賀状が届きました。（写真1を提示）

「夢に向かって進む一年としたい」という思いが詰まっています。

「進」という字の「隹」（ふるとり）の部分は、「鳥」の省略形ですから、「隹」に、道を表す「辶」が付いたこの漢字は、酉年にぴったりの一文字だと思います。

三学期、みなさんが学校に通う日数は五四日です。それが終わると六年生は中学生に、五年生から一年生はそれぞれ進級します。

四月には「新校舎」が完成します。現在の本校舎に約六〇〇人が、そして新校舎には約二〇〇人の子供たちが生活を始めます。安心で安全で魅力あるスタートとなるためにはみなさん一人一人の成長が大事です。この三学期も学習、生活、仲間づくりにしっかりと取り組みましょう。

さて、もう一枚の写真です。（写真2を提示）年末に高知県の研究会

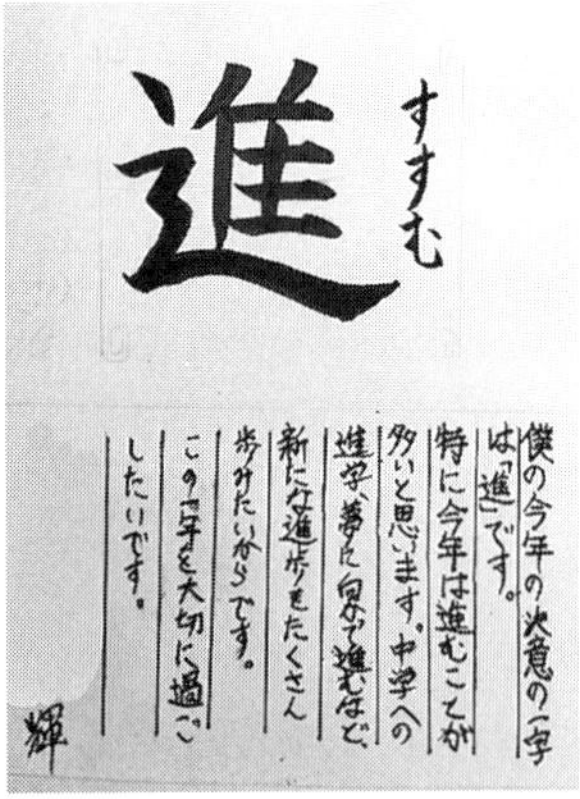

写真1

に出かけたときに、空の上から撮った富士山の写真です。まるで鳥の目で見たような富士山です。

人間は鳥のように高く飛ぶことはできませんが、「想像力」を使って物事を広く見渡すように考えたりイメージしたりすることができます。

これを「鳥の目でみる」といいます。

「鳥の目」に対して、「虫の目でみる」という言葉もあります。小さな事実をしっかり捉え向き合う目のことです。

これにもう一つ、「トンボの目」を加えてみたいと思います。

トンボの目は「複眼」と言われ、たくさんの小さな目が集まっています。

その一つ一つの小さな目が様々な角度から景色を捉えて正しい情報を集めています。

トンボの目は「みんなで見る目」です。トンボと言えば「赤とんぼ」。赤とんぼといえば「三木露風」。三木露風と言えば「高山小学校校歌」。私たちにぴったりの「賢い目」を今年一年、大切にしましょう。

写真２　高知行きの飛行機より見た富士山

講話の種子

平成二九年三学期の始業式、酉年に合わせて「鳥の目」の話に続き、「虫の目」「トンボの目」の話をしました。本校校歌の作詞者「三木露風」と「赤とんぼ」を重ねた話となっています。子供たちがさわやかな気持ちでスタートできるように、六年生の年賀状を紹介し、言葉への意識を高めてから後半の話へとつないでいます。

私が今、みなさんの校長先生でいる理由

あるお母さんが書いた手記を紹介します。自分の子供が小学校に入学する前までのことを綴っています。聞いてください。

私たちの息子は予定日を一〇日遅れて長男として生まれました。私は戦争の体験者であり、戦争で家を焼かれ、大切な兄を失っていることから私にとって男の子が生まれたことは少しばかりの抵抗感がありました。子どもが生まれ心から戦争のない平和な世界で育ってほしいと願いました。息子は生まれた時からお乳をよく飲み、ミルクも嫌がらず、発育もよく健康な赤ちゃんでした。ところが六か月を過ぎ、離乳食を始めた頃、私は大変な失敗をしてしまいました。初めての子育て、必死に離乳食を進めようとしたことから息子は消化不良を起こし、一か月の入院、危うく命を落としそうな状態になりました。あの時のことを思い出すと今も恐ろしく悲しくなってしまいます。

それ以後、お腹の弱い子になり、便の良し悪しに一喜一憂する日々でしたが、ベッドサークルにつかまって立ち歩けるようになると、レコードに合わせて体全体でリズムをとったり、積み木で遊んだりする楽しみ

を覚えていきます。幼稚園に入ると大好きな歌、お絵かき、運動、優しい先生、たくさんの友達に囲まれていつも生き生きしていました。性格が明るく、誰とでも仲良くできることが息子の特技だと思いました。家の近くには大きな公園や原っぱがあり自然の中を走り回り、虫をつかまえては喜んでいました。アゲハ蝶の羽化を見て感激したのもその頃です。自分で毎朝、幼虫のえさになる山椒の葉を取って大切に育てていました。かまきりの卵を取ってきたまま夏を迎え、卵から生まれ何十匹ものかまきりが家中にあふれ大騒ぎになったこともありました。

病弱だった息子がいつの間にか健康を取り戻し、行動範囲も親の想像を超えるほど広くなり、昭和三九年四月、小学校へ入学するに至りました。

（世田谷区立三宿小学校一年二組学級通信より）

特にドラマがある話ではありませんし、どこにでもいそうなお母さんが書いた、どこにでもいそうな子供の手記です。

さて、この子供はその後どんな大人になり、どんな仕事を選んだと思いますか？

（「昆虫学者」「医師」「自然にかかわる仕事」などの声が挙がる）

実はこの手記を書いたのは「私の母」です。ですから、答えは「今、この子供は小学校の校長先生になっている」が正解です。

私は「なぜ、校長先生になったのですか？」と、時々聞かれます。実は長い間、その答えをはっきりと話すことができませんでした。おそらく、母が書いたように、私は絵を描くことが大好き、歌が大好き、運動が大好き、虫が大好き、友達が大好き、そんな性格が、「先生」という仕事に私を導いたのだろうと考えるようになりました。

しかし、それだけで「校長」という役割を担うことになるには説明が足りないように思います。事実、四〇歳までは、ずっと担任の先生を続けたい、と思っていました。「だったら、なぜ?」みなさんの問いが聞こえてくるように思えます。

日本を代表する俳優、高倉健さんが病床で綴った最後の手記(『文藝春秋』二〇一五年一月号収録)に、こんな言葉が書かれています。

僕は志があって俳優になった訳ではない。
思いもよらない変化をかいくぐりながら、
出逢った方々からの想いに応えようと、
ひたすらもがき続けてきた。

私はこの手記を読んだ時、あの高倉健さんでさえ「志があったわけではない、と言えるのか」と驚きを覚えたのと同時に、やっと今の自分がこの仕事を担っている意味がきちんと分かりました。

高倉さんの言葉をお借りすれば、「私は初めから特段の志があって校長になったわけではない。出逢った子供や、親、地域の方々の思いに応えようと努めてきた結果、校長になっていた」と言うことができます。そして今は、そう考え、自分が選択した生き方にとても納得することができています。

私の母の手記にある「明るく、誰とでも仲良くできることが特技」だった一人の子供は、おそらく、人のために何かをすることが好きだったのでしょう。それほど大した特技ではありません。

しかし、母が見つけ、育ててくれた私のよさ、誰でももっているような小さなよさを、自分なりに最大限に生かせる教師という仕事が好きになり、もう三五年も続けています。そして、これからも人と関わり、誰かのために何かをしていきたいと心から思っています。

私が母のこの手記を目にしたのは二七歳の時でした。今になって母が認めてくれていた私の個性を、改めて大切にしていきたいと考えます。みなさんも卒業に当たり一二年間の自分の軌跡を振り返り、まだまだ続くようで、意外と短い家族と過ごす子供時代を大切にしてほしいと思います。

講話の種子

この「母の手記」は、私が初めて一年生の担任をした時に「学級通信」に掲載するために母に書いてもらったものです。卒業生への講話でしたが、同じ原稿をもとに保護者会でも話したところ、多くの保護者が共感してくださいました。

東日本大震災から五年

東日本大震災から五年が経ちました。一年生は二歳の時、二年生は三歳の時、記憶にはないかもしれません。六年生は一年生の時です。覚えていますか。今年も三・一一の日を迎えました。亡くなられた方々のご冥福を心よりお祈りして、黙とうをしましょう。（一分間の黙とう）

今日は、詩人、谷川俊太郎さんの「そのあと」という詩を読みます。

そのあと

谷川俊太郎

そのあとがある
大切なひとを失ったあと
もうあとはないと思ったあと
すべてが終わったと知ったあとにも
終わらないそのあとがある

そのあとは一筋に
霧の中へ消えている
そのあとは限りなく
青くひろがっている

そのあとがある
世界に　そして
ひとりひとりの心に

この詩を読むたびに、生きていることのすばらしさと、生きることのきびしさを同時に考えてしまいます。「そのあと」をどう生きるか、二一世紀の中盤に向かっていく私たちに託された一筋の道をしっかりと歩いていきましょう。

講話の種子

平成二三年三月一一日、東日本大震災以来、幾度となくそのことを取り上げ、子供たちの意識から風化することのないよう、私たち教職員の意識が薄れることのないよう話を続けています。この谷川俊太郎さんの詩は新聞で見つけました。この詩を読み上げた時、それに聴き入る子供たちの真っすぐなまなざしが強く印象に残ります。

3月 全校朝会

東日本大震災から三年

Message 66

今日、三月一一日は三年前に東日本大震災が発生した日です。正確に言えば、今から六時間後の一四時四六分ですから、三年前の今日の朝は、普段通りの朝の時間を過ごしていました。亡くなられた方々のご冥福を心よりお祈りして黙とうをしましょう。（一分間の黙とう）

今朝は登校時間帯に避難訓練を実施しました。

地震は「いつ起きてもおかしくない」と言われています。

それは「いつか起きる」という意味ではなく、「明日起きてもおかしくない」「今日起きてもおかしくない」という意味です。

三・一一以来、私たちの学校では避難訓練に加えて、事前予告のない危機回避訓練を実施し、常に備える意識を大切にしています。また、地震は学校で起きるとは限りません。むしろ、学校以外の時間帯に起きる可能性が高いと言えます。どんな時でも、それが一人でいる場合でも、まず自分の身を守ることを最優先しましょう。

今日は、糸井《いとい》重里《しげさと》さんと平了《たいらりょう》さんの対談を紹介します。

三月一一日を忘れないように、ということは、よく言われます。
しかしその日は、忘れないようにする日ではなく、忘れられない日です。
忘れたいのに忘れられない日が三月一一日です。
いちばん忘れちゃいけないのは、なんてことない、ほんとうになんでもない日々です。
幸せだったはずの、前の日なんじゃないかなと思います。

ほぼ日刊イトイ新聞「僕たちの花火の連絡、見えますか。」https://www.1101.com/schopdan/

生きているということ、今を生きていることは、家族や友人がとなりで笑っていること。三・一一は「当たり前の幸せ」を大切にする日にしましょう。
今週は代表委員会が、いまだ避難所生活をしている二七万人の方々に募金活動を行います。みんなで東北に応援の気持ちを届けましょう。

講話の種子

東日本大震災から三年目の三月一一日は月曜日でした。全校朝会の前に避難訓練を実施し、その後、体育館に集まり講話をしました。校長として前任校に着任した四月は震災直後でした。余震が続き、不安を抱えながらのスタートでした。以来、防災に関する様々な取り組みを積み重ね、子供たちの意識を醸成しています。

1月▼三学期始業式

東日本大震災から二九六日目の朝

Message 67

三学期がスタートします。

今年の元日と去年の元日では、震災前と震災後という大きな違いがありました。今年の元旦は、あの大きな津波があった大震災から二九六日目でした。「あけましておめでとうございます」とは言い難い気持ちで新年を迎えました。

私は、毎年、元日には近くのお店で一月一日付の新聞をすべて購入します。おせちを食べてひと心地着くと、ゆっくりと目を通します。

新聞に目を通すと、

絆

縁

結

という漢字が多く見られました。（板書）

どの漢字も「糸」に関係ある字です。

「糸」は細くて切れやすいと思われますが、絆、縁、結の文字には脆い印象はなく、とても強い印象があります。

実は、糸は繊維をまとめてねじることによりとても強く仕上げられています。

歌手、中島みゆきさんの歌に「糸」という歌があります。

縦の糸はあなた　横の糸は私
織りなす布は　いつか誰かを
暖めうるかもしれない

今日から三学期が始まります。三・一一からもうすぐ一年を迎えます。

絆、縁、結、を大切にして、新年をスタートしましょう。

講話の種子

東日本大震災後はじめての正月を迎えた平成二四年一月、三学期の始業式の講話で、私は「あけましておめでとうございます」という言葉を言いませんでした。新聞には、多くの糸偏の漢字が私たちの心の在り方やこれからの生き方を表していました。今年もまた三・一一がやってきます。しっかりと伝わる話を心がけます。

3月▼全校朝会

今、生きているということ

詩人、谷川俊太郎さんの「生きる」という詩、そのはじめの部分を読んでみます。

生きる

谷川俊太郎

生きているということ／いま生きているということ
それはのどがかわくということ／木もれ陽がまぶしいということ
ふっと或るメロディを思い出すということ／くしゃみすること
あなたと手をつなぐこと

「生きる」「生きている」ことを実感する瞬間を谷川さんの詩は考えさせてくれます。
先月、六年生と一緒にこの詩を読み、「生きている」ということについて考えてみました。

Message 68

生きているということ／いま生きているということ
見上げた空がまぶしいこと／いつもの通学路を友達と並んで歩くこと
新しいノートを開くこと
昨日嫌いだった友達が、今日少し好きになれたこと

生きているということ／いま生きているということ
叱られてくやしいこと／認められてうれしいこと
誰かのためになれたこと
明日が楽しみであり、不安でもあること

この詩は六年生が語った言葉のいくつかをつないだ創作です。実はこれとは別に六年生全員でつくった作品があります。それは卒業式で読みたいと思っています。みなさんには四月になったら紹介します。中学生になった六年生からの置き土産だと思ってください。新学期の全校朝会は、その詩からスタートしましょう。

講話の種子

一月にこの詩を題材に六年生と授業をした後、担任に五連からなる作品づくりをお願いしました。その作品は平成二八年度卒業式の校長式辞の中でも使うことにしました。一二歳の自分たちが感じる「生きている」という瞬間を卒業式で振り返り、その感性を大人になってからも大切にしてほしい、という願いからです。

3月 三学期修了式

目標あっての努力と協力

「努力」、聞き慣れた言葉です。

「協力」、聞き飽きた言葉かもしれません。

あまりにも当たり前に使っているので、その意味を辞書できちんと引いたことがある人も少ないかもしれません。

努力とは、「力を尽くして励むこと」とあります。

協力とは、「力を合わせて事にあたること」とあります。


力を尽くすには、成し遂げたいと思える目標が必要です。

みなさんには、そういう目標がありましたか？

力を合わせるには、共通の目標をもつ仲間が必要です。

みんなでどんな目標を達成しましたか？

Message 69

私たちには、「努力はたし算、協力はかけ算」という合言葉がありますが、その心意気を発揮するにも「目標」が大切です。

目標がないところには、努力も協力も生まれません。

私は話の中で「前向きに」という言葉をよく使いました。

その姿勢は大切ですが、一歩前に進むそのときに、それは本当に前なのか、もしかしたら右や左に曲がっていないのだろうか、それを自分自身で考え判断しなければなりません。

新しい年度、学年が一つ上がると、また、一つ深く考えられるようになることでしょう。

来年度も、よく学び、よく遊び、そして、よく働く子供であることに努めましょう。

私も、よく学び、よく遊び、よく働く大人であることに努めたいと思います。

講話の種子

カレンダーによっては、三学期の修了式のある週の始めに全校朝会が行われることがあります。週に二回、全校児童に話をする時、内容の重複には配慮します。「よく学ぶ子　よく遊ぶ子　よく働く子」は前任校の教育目標ですが、どこの学校でも使える言葉だと思います。

3月▼卒業式式辞

一画多い「夢」の字からのメッセージ

Message 70

卒業生のみなさん、ご卒業、おめでとうございます。

（「ありがとうございます」と全員からはっきりとした声が返ってくる）

今、私の目の前には夢の入り口に立つ九八名の偉大な子供たちがいます。その清々しい姿は希望にあふれています。未来という言葉がとても似合います。

この子供たちを六年間に渡り見守っていただいたご来賓の皆様、そして深い愛情を込めて育ててこられたご家族の皆様におかれましては感無量のことと存じます。私たち高山小学校教職員一同も今まさに巣立っていくこの瞬間の喜びと寂しさをかみしめているところです。

さて、卒業生のみなさん、みなさんにここからこうして言葉を伝えるのもこれで本当に最後となります。今日は、門出に当たり、「夢」という一文字を主題に、私の気持ちを伝えたいと思います。

この書を見てください。校長室に飾ってあるので見たことがある人も多いと思います。

私が敬愛する恩師、小原國芳先生が書いた「夢」という書です。

よく見ると、最後の「夕」の部分が一画多く、「月」となっています。

しかし、この一画多い「夢」の字には情熱あふれるメッセージが込められています。

恩師は「私の夢は一つ、多い」と力強く言われ、この一画多い「夢」の字を書かれました。それは、「君たち若者は私に負けず、もっともっと多くの夢をもちなさい」というメッセージだと受けとめています。以来四〇年経った今でも、私はこの「一画多い『夢』」の一文字に込められた恩師のメッセージに心を動かされています。

たった一文字の「夢」という字ですが、人それぞれ様々な夢があります。

自分だけのとっておきの夢もあれば、誰かと同じような夢もあります。大きな夢もあれば、ささやかな夢もあるでしょう。近い夢もあれば、遠い夢もあるでしょう。「それはすばらしい」と認められる夢もあれば、人には理解されない夢もあるかもしれません。

どんな夢であっても、夢をもつことはとても大切なことです。なぜなら、夢をもつことで、人は明日や明後日のことだけでなく、もっと先の自分を想像し、自分の生き方を考えることができるからです。

それでも、もし「一番大切な夢はどんな夢ですか」と問われたら、私は迷わず、「みんなで見る夢」と言うでしょう。

「一人で見る夢はただの夢。みんなで見る夢は現実になる」という言葉があります。

五年前に起きた東日本大震災からの真の復興も、五年後に開催される東京オリンピック・パラリンピックも「みんなで見る夢、みんなで叶える夢」でなくてはなりません。

「一画多い『夢』」の字を、私は最近になってこう考えるようになりました。

一つは、「自分」のために叶える夢、もう一つは、「みんな」で叶える夢です。

そうだとすれば、この二つの夢を探し求め続けることが人生の目的であってよいのかもしれません。


さて、私の話もあと少しで終わりとなります。最後の授業をしましょう。

「口」と言う字を書きます。その右横に「＋（プラス）」と書きます。

プラスの下に「−（マイナス）」、と書くと……「吐く」という字になります。

手のひらに、一度、書いてみましょう。

弱音を吐く、溜息を吐く、捨て台詞を吐く……私たちの口からは、マイナスの言葉が出ています。マイナスの言葉は、マイナスの発想につながります。でも、マイナスの言葉を口から出さないように心掛ける、すると、マイナスの文字は消えて、口の横には、プラスの文字だけが残ります。

口にプラスで、「叶う」という字になります。

手のひらに一度書いて確かめてみましょう。

この先、夢をあきらめようと思った時、手のひらに「叶う」という字を書いて、「プラスの言葉」を探してみましょう。きっと、希望にあふれた前向きの言葉が見つかるはずです。

吉田松陰は「夢」の大切さをこう言っています。


夢なきものに理想なし／理想なきものに計画なし

計画なきものに実行なし／実行なきものに成功なし
ゆえに、夢なきものに成功なし

夢はあなたを決して見放しません。夢を見放すとすれば、それは自分です。みなさんがこれから描く「二つの夢」に大いなる期待を込めています。

結びとなりますが、ご臨席賜りましたご来賓の皆様、保護者の皆様、今日まで子供たちを温かく見守っていただき本当にありがとうございました。ここにいる九八名の子供たち一人一人の存在が、ご家族にとっては希望の光であり、地域社会にとっては未来を担うたくましい力になることを願って、私の式辞とします。

講話の種子

平成二八年三月の卒業式式辞です。教育者、小原國芳先生の「一画多い『夢』」の字は、私の教師人生を導き、支えてくれた大切な一字です。この一字に私の思いを重ね、卒業生にメッセージを贈りました。「みんなで見る夢、叶える夢」、これを考え想うことで、協調、協働、共生などの真の意味を振り返ることができると考えました。

あとがきにかえて――講話が待たれる月曜日の仕掛け

♧安定感のあるルーティンと安心感のある空間

私の学校の全校朝会は月曜日、八時二五分から七三〇人の児童が体育館に集合し始まります。

週番の先生が「全校朝会を始めます。朝の挨拶をしましょう。六年生の○○さん、お願いします」と言います。呼名された六年生は、大きな声で「はい！」と清々しい返事をし、私と一緒に舞台に上がり舞台中央に立ちます。私の右横に六年生が並びます。そして、六年生から全校児童に向けて次のような一言があります。

「来週はいよいよ展覧会です。『かがやけ！世界に一つだけの作品《アート》』のテーマのもと、みなさんはどんな思いを込めて作品を作りましたか？　私たち六年生は『子供ガイド』として、みなさんの作った作品の魅力を参観者に伝えられるようがんばります。先生たちとさわやかに朝の挨拶をしましょう」

六年生はその一言を言い終えると私の方に体の向きを変え、「おはようございます」とはっきりとした口調で挨拶をします。六年生に続き、七三〇人の子供が「おはようございます！」と声を揃えて挨拶をします。六年生はマイクを使わないで肉声で話します。メモも持ちません。毎週の話の内容は当番の子供の自作ですが、必ず担任の助言が丁寧に入っています。

この間、一分三〇秒。余計な動きや言葉は一切ない安定感のあるルーティンです。

私はこの瞬間《じかん》が大好きです。この後、私の講話が始まります。本校の全校朝会は、①入場・整列。②六年生の話～朝の挨拶。③校長講話。④退場。という流れで、「七分」で終了します。教室の移動時から担任と共に静粛に集合するので「静かにしましょう」という指導が入ることは全くありません。

ちなみに、本校の全校朝会では週番の先生からの生活指導もありません。生活指導に関しては週末の職員打ち合わせで確認し、各学級指導で行うことにしています。理由は、月曜日の朝は「あれこれ盛り込まない方がよい」そして「短い方がよい」ということからです。六年生の言葉と私の講話が子供の心に残る全校朝会を大切にしています。そして、その子供たちの姿を見守る先生の穏やかな表情と凛とした立ち姿も本校の月曜日の朝にふさわしい安心感、抱擁感のある空間をつくっています。

♧担任を信頼したオープンエンド型講話

発達段階に大きな幅がある六歳から一二歳の子供がいる全校朝会では、言うまでもなく講話の構想が肝要です。準備を怠り、原稿もつくらずに話し始めれば悲惨な結果になります。しかし、どんなに準備をして臨んでも全校児童に思いの全てが伝わるものではありません。そのことを前提に「足りないところは担任に委ねる」という気持ちで臨んでいます。

講話に「詩」を使う際には、事前に担任に詩を渡しておきます。例えば、「言葉と人権」（27話）では、詩人、金子みすゞさんの詩「こだまでしょうか」を使って講話をしています。

まず、はじめに「明日から人権週間です」と告げます。

黒板に「人権」と漢字で書き、低学年の子供たちのために「じんけん」とルビをふります。子供たちはじっと私の板書を見ています。

「今日は、詩人金子みすゞさんの詩を読みます」と言い、詩集を開きます。詩を読む時はその詩が載っている

「詩集」を読むように心がけています。インターネットで検索して紙に印刷した詩よりも、「詩集」を手に持って読む詩の方が言葉に重みを感じられるからです。

詩を読み終えても、詩の感想は言いません。詩の感想を子供に聞くこともありません。

一瞬の間を取り、その後は短いフレーズで、はっきりとメッセージを発信します。ここでは以下のように話を続けました。

「ことばはこだまです。ことばは言霊です。みなさんは、毎日、『新しい言葉』に出会っています。新しい言葉は、『新しい自分』です。なぜなら、それまで無関心だったことが身近に思えるようになるからです。新しい言葉は、『新しい世界』です。なぜなら、それまで気付かなかったことに気付くようになるからです。『ことば』を知ることで、『考え方』も『かかわり方』も変わってきます。『すてきな言葉』『やさしい言葉』があふれる高山小学校になるのが私の願いです。どうしたらそんな学校になるのか、教室で担任の先生と、クラスの友達と考えてください」

後半の言葉は主に高学年に向けて発信しています。低学年には少々難解な言葉となっていることは承知の上です。しかし、そこは担任が学級に戻り補ってくれます。

その後、詩の扱い方は担任の自由ですが、担任の感度は高く、子供たちが校長講話に聞き入る姿を見逃しません。私の講話を聞きながら、その講話をどのように学級指導、あるいは道徳の授業などに使おうか、と考えています。

発達段階が幅広い全校朝会は、このようにオープンエンド型の講話がうまくまとまります。繰り返しますが、それができるのは、その背後に信頼できる担任がいるからです。

♧板書の活用は効果的

講話ではよく板書を使います。いわゆる「チョーク&トーク」の手法です。一文字、二文字、一言、印象に残る文字を大きく、目の前で書きます。

本校は体育館で全校朝会を行っているので、黒板やホワイトボードが自在に使えます。例えば、読書週間の話（45話）では、「木」という漢字を一文字、黒板に大きく書きました。「木」と書いた後に、「木という字を『ほん』という字にしたいのですが、誰か教えてくれますか？」と問いました。

二年生の最後列の女の子が手を挙げたので指名しました。私との距離は三〇メートル以上あります。

その女の子は、

「木のまん中の幹の『根っこの辺り』に、小さな『一』を引きます」

と体育館全体に届くしっかりとした声で説明しました。実に上手な説明であり、大した度胸にも感服です。

私はその言葉を黒板にていねいに再現します。赤いチョークに持ちかえて、

「木のまん中……、ここですね（①）」

（二画目を縦になぞる）

「この根っこの辺り……、この辺りですね（②）」

（縦になぞった下方を指し示す）

「ここに……、『一』みたいな線を引くのですね（③）」

（五画目の「一」を書き加える）

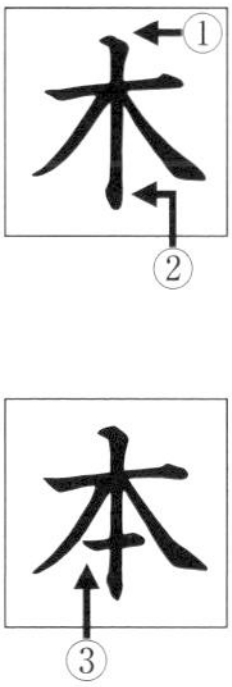

「なるほど、木の根っこの部分に『一』という印を付けたら、『本《ほん》』という字になりました」と、その子の言葉を確かめながら、「本」という字を全体で確認します。

この後、「木の根っこ、のことを『根本《こんぽん》』（板書）と言い、『本』は『知識の根本』となります。読書週間にたくさんの本を読んでください」。そう言って話を終えます。

黒板を使うと、短い講話も対話型、双方向型になります。授業と同じような空間になります。

留意したいこともあります。このように子供に問いかけた結果、七三〇人が一斉に話し始めてしまう場合があります。これを収束するには三〇秒くらいの時間がかかります。短い時間でまとめる講話の場合は、この「三〇秒」はとても貴重な時間ですから、安易に問いかけることは避けています。騒がしい空気を校長自らつくっておいて、「静かにしましょう」と言うのは、講話の段取りが悪い証拠です。

また、本校の全校朝会は体育館で実施しているので画像も使用できますが、画像は最小限とします。講話の基本は「聞く力」、つまり、言葉で伝え、言葉で考える力を付ける時間にしたいと考えるからです。あまり頻繁に画像を持ち込むと「聞く」という空気がゆるくなります。私はそれを意識して年間に三～四回程度、それがどうしても必要な場合だけにしています。画像を使った講話は「対話あふれるアートギャラリー」（25話）、「見る、聞く、話す」（29話）、「鳥の目、虫の目、トンボの目」（63話）を参照ください。

♧子供《チルドレン》ファーストの月曜日

「月曜日の全校朝会を止めよう」。そう言って驚かれました。多くの学校では、「月曜日」に全校朝会を実施していると思います。先生も保護者もみんながそういう文化の中で育ってきたので、今さら誰も「月曜朝会」に疑問を感じる余地はありません。私も校長になるまでは月曜日の全校朝会は「当たり前」のことだと思っていました。しかし、校長になって八年間で三校を預かり、そのうち二校の全校朝会を「火曜日」に変えました。理由は次のようなことからです。

学校週五日制の完全実施の頃から、休みが二日間続いた月曜日の朝の子供のようすに変化が感じられました。例えば、金曜日の夜から旅行に出かけ日曜日の夜遅くに帰ってきたという子供もいれば、スポーツクラブの練習試合や塾の合宿など二日単位の活動も増えました。多忙な親の代わりに妹の面倒を二日間ともみていたという子供もいました。制度に子供の実態がついてきていないのです。そこで、疲れを抱えて登校する子供たちの実態に応じた週のスタートを考えました。

一校目の町田市立小学校では、一学期の最終日の職員会で、「二学期の一〇月からは全校朝会を火曜日に移します。その代わりに月曜日の朝は三〇分間の『学級の時間』にしましょう。自由に使ってください」と提案をしました。

具体的には、朝は担任が教室で子供を迎えて、三〇分間は各学級でそれぞれ好きなことをして過ごします。自由におしゃべりをしたり、外で元気に遊んだり、担任はその間に子供たちの話を聞いたり、表情や行動を観察したり、気になる子供に声をかけたりします。

学級で自由に使える時間が月曜日の朝に設定されることで、担任の先生の学級経営の創意工夫の範囲も広がりました。放課後に子供と接する時間がつくりにくい現在の学校では「朝のふれあい」は効果的でした。

このシステムは私が異動してから一〇年経った今でも継続されているので、その学校の子供の実態にフィットしたのだと思います。

♧講話の仕掛け

子供は他の教室のことを知りたい

講話の話題に、各学級の黒板に書いてあった問題や掲示されている学級目標などを意図的に取り上げています。「聴く力」（6話）、「感じたら動こう」（37話）などがそれです。このように学級の小さな出来事を全校朝会で何度か取り上げておくと、私がただなんとなく校内を巡回しているのではない、ということが子供たちに伝わります。授業の様子も取り上げます。「漢字九マス魔方陣」（32話）では、六年生の学習の様子をそのまま五年生に話していますが、「学ぶ楽しさ」が具体的に伝わるようです。子供たちは他の教室の様子は知らないので興味津々に聞きます。

私が授業を後ろから眺めながら、「今のみんなのやり取りは面白い！　月曜日のお話に使えるなぁ」と声を挙げ感心するだけで、子供たちは張り切ります。

校長室でのコミュニケーション

校長室は学校ごとに配置場所が異なります。施設の構造上、子供の往来が少ない場所に校長室が配置されているならば、意図的に校長室へ子供たちの足を向かせる働きかけもあってよいと思います。

「短くなった鉛筆の行方」（39話）では、「短くなった鉛筆は、校長室の前に箱を置いておくのでその中に入れてください」と呼びかけました。鉛筆を集めることが目的ではなく、鉛筆を持ってきた子供に、「こんなに短くなるまで、ずいぶん勉強したね」と誉めてあげるためです。主に低学年が一生懸命に持ってきます。私がいないと一旦持ち帰り、私の目の前で鉛筆を箱に入れる子供もたくさんいます。

「三つのエンジンが止まっても」（14話）では、「この日記をもう一度読んで考えてみたい人は中休みに校長室まで取りに来てください」と話を終えています。こうした仕掛けをしておくことで、意外な子供が講話に興味をもっていることを知ることができます。また、その情報は担任と共有できます。担任が「へえ、あの子が来ましたか⁉」という場合が多々あります。ちなみに、このような場合は中休みには二〇〇人くらいの子供が校長室にやって来ます。時間をかけて一人一人の子供に手渡しして、低学年なら頭を撫でてあげ、高学年なら軽くハイ・タッチをしてコミュニケーションをとる機会とします。

ホームページから伝えるという試み

夏休み中の八月一五日は終戦記念日です。この日を登校日とすることは難しいので、「七一年目の終戦の日に伝えたいこと」（58話）のように、ホームページで子供たちに平和に関するメッセージを送りました。終戦記念日に限らず、「八月」という一か月間は長い休みとなるので、ホームページで子供たちに語りかける仕掛けは大切だと思います。「文章」での講話は高学年向けとなるので、低学年の保護者には事前に学校だよりなどでお知らせしておき、保護者から子供に伝えてもらう協力体制も必要です。保護者に校長講話の趣旨を理解してもらうよい機会にもなります。

時代のヒーローを取り上げることについて

「金メダルより輝いた銀メダリスト」（8話）、「イチローが嫌いだ?」（59話）等、講話には時代のヒーローが登場しますが、特定の名前を扱う時は慎重に検討します。特に若いヒーローの場合は、先行不透明な部分も残されています。時には問題等を起こし、子供たちの生き方に良くも悪くも影響を与える場合もあります。「人」を取り上げる際には、その人物の影響力を考えて話をする慎重さが必要であり、どんな人物を選択するのかも校長の重要な判断です。

♧等身大の校長とふれあう空間

「校長講話」というからには、学校の師表としてその姿勢を示す内容でありたいと思います。全校朝会では安易に自分の趣味嗜好に偏った話にならないよう自重しています。しかし一方で、校長として子供に親しまれる存在でありたいとも思います。

そこで私は学級に足を運び、全校朝会の講話とは異なる緩やかな空気の中で、小話やショートタイムの授業をしています。担任が出張の時は進んで補教に入り、ちょっと気になる子供がいれば授業を通してその子供を知るように努めています。等身大で自然体の私の話を面白いと思ってくれる子供や、私自身に興味や親しみを感じてくれる子供が増え、結果、子供の顔と名前を覚え、体育館では全校児童の顔と名前が分かり、双方向的な講話ができるようになります。「私の petit 研究」（46話）、「私が今、みなさんの校長先生でいる理由」（64話）などは、特定の学年・学級に向けたかなり個人的な話です。

七三〇人を対象とする全校講話、一〇〇人を対象とする学年講話、四〇人を対象とする学級講話。「校長講話」といっても多様です。それぞれの場面にふさわしい内容を選び、伝わる話し方を工夫する。結果、まだまだ至らない点、足りない部分を認識します。校長として八年、教師になり三五年、「講話」という時間を通じて、誰よりも学んでいるのが私自身です。その時間をつくってくれている子供たち、教員たちに心より感謝しています。

やさしく、深く、面白く、伝わる校長講話

—問題に向き合う素直な心を育てるメッセージ—

2017（平成29）年５月５日　初版第１刷発行
2024（令和６）年12月10日　初版第６刷発行

著　者——柳瀬　泰
発行者——錦織圭之介
発行所——株式会社東洋館出版社
〒101-0054　東京都千代田区神田錦町２丁目９番１号
コンフォール安田ビル２階
（代　表）電話 03-6778-4343　FAX03-5281-8091
（営業部）電話 03-6778-7278　FAX03-5281-8092
振替　00180-7-96823
URL　https://www.toyokan.co.jp

印刷・製本——藤原印刷株式会社
装丁——中濱健治

ISBN978-4-491-03336-5　　JASRAC　出1704036-902
Printed in Japan